LO MEJOR DE LA VIÑA II

Una selección especial de historias escritas por miembros hispanos de AA, que reflejan el crecimiento de nuestra Comunidad en recuperación, servicio y unidad

LIBROS PUBLICADOS POR AA GRAPEVINE, INC.

EN INGLÉS

The Language of the Heart (también formato eBook)
The Best of the Grapevine Volumes I, II, III
The Best of Bill (también formato eBook)
Thank You for Sharing
Spiritual Awakenings I and II (también formato eBook)
I Am Responsible: The Hand of AA
The Home Group: Heartbeat of AA (también formato eBook)
Emotional Sobriety I and II —The Next Frontier (también formato eBook)
In Our Own Words: Stories of Young AAs in Recovery (también formato eBook)
Beginners' Book (también formato eBook)
Voices of Long-Term Sobriety (también formato eBook)
A Rabbit Walks Into A Bar
Step by Step—Real AAs, Real Recovery (también formato eBook)
Young & Sober (también formato eBook)
Into Action (también formato eBook)
Happy, Joyous & Free (también formato eBook)
One on One (también formato eBook)
No Matter What (también formato eBook)
Grapevine Daily Quote Book (también formato eBook)
Sober & Out (también formato eBook)
Forming True Partnerships (también formato eBook)
Our Twelve Traditions (también formato eBook)
Making Amends (también formato eBook)
Voices of Women in AA (también formato eBook)
AA in the Military (también formato eBook)
One Big Tent (también formato eBook)
Take Me to Your Sponsor (también formato eBook)
Free on the Inside (también formato eBook)

EN ESPAÑOL

El lenguaje del corazón
Lo mejor de Bill (también formato eBook)
El grupo base: Corazón de AA
Lo mejor de La Viña
Felices, alegres y libres (también formato eBook)
Un día a la vez (también formato eBook)
Frente a frente (también formato eBook)
Bajo el mismo techo (también formato eBook)
Sobriedad emocional (también formato eBook)

EN FRANCÉS

Le langage du coeur
Les meilleurs articles de Bill
Le Groupe d'attache: Le battement du coeur des AA
En tête à tête (también formato eBook)
Heureux, joyeux et libres (también formato eBook)
La sobriété émotive

LO MEJOR DE LA VIÑA II

Una selección especial de historias escritas por miembros hispanos de AA, que reflejan el crecimiento de nuestra Comunidad en recuperación, servicio y unidad

AAGRAPEVINE, Inc.
Nueva York, Nueva York
www.aagrapevine.org

475 Riverside Drive
New York, New York 10115

ISBN: Print 978-1-938642-01-2
Impreso en Canadá

PREÁMBULO DE AA

Alcohólicos Anónimos es una comunidad de personas que comparten su mutua experiencia, fortaleza y esperanza para resolver su problema común y ayudar a otros a recuperarse del alcoholismo.
El único requisito para ser miembro de AA es el deseo de dejar la bebida.
Para ser miembro de AA no se pagan honorarios ni cuotas; nos mantenemos con nuestras propias contribuciones.
AA no está afiliada a ninguna secta, religión, partido político, organización o institución alguna, no desea intervenir en controversias, no respalda ni se opone a ninguna causa.
Nuestro objetivo primordial es mantenernos sobrios y ayudar a otros alcohólicos a alcanzar el estado de sobriedad.

ÍNDICE

CAPÍTULO 5

Pase lo que pase 99

CAPÍTULO 6

Los veteranos de AA 125

PRÓLOGO

Tienes en tus manos un libro que nace del corazón de nuestra Comunidad hispana. Cada historia compartida es una chispa de esperanza, un reflejo de lo que ocurre cuando el dolor se transforma en crecimiento y la oscuridad en luz.

Este libro reúne experiencias de hombres y mujeres que, desde distintos países, culturas y caminos, encontraron en Alcohólicos Anónimos una nueva forma de vivir. Son historias auténticas, llenas de valor, escritas con el deseo de servir y tender la mano a quien aún sufre. Cada relato habla del despertar espiritual, del servicio, de la unidad y del amor fraternal que sostiene nuestro camino.

Esta antología recoge algunas de las historias que más han conmovido e inspirado a nuestros lectores a lo largo de los años. Son voces vivas que han acompañado madrugadas difíciles, que han sido compartidas en reuniones y que nos recuerdan, una y otra vez, que no estamos solos.

Deseamos que este libro sea una herramienta viva para fortalecer la sobriedad, para compartir en tu grupo, o para leer en silencio y recordar que siempre es posible despertar a una nueva vida.

Gracias por ser parte de esta Comunidad.

CAPÍTULO 1

LOS DOCE PASOS

Para quienes hemos vivido atrapados en la oscuridad del alcoholismo, encontrar un camino hacia la luz puede parecer imposible. Pero ese camino existe, y lo han recorrido millones de personas que hoy viven en libertad. En este capítulo presentamos doce historias reales, doce voces que, una a una, nos muestran cómo es posible transformar el dolor en esperanza y la derrota en una nueva manera de vivir.

Cada testimonio refleja una etapa del despertar espiritual que propone el programa de Alcohólicos Anónimos. No se trata de eliminar los problemas de la vida, sino de aprender a enfrentarlos con una nueva actitud, con serenidad, humildad y fe en algo más grande que uno mismo.

Abrimos con "Los cimientos de una vida", donde José narra el momento decisivo en el que reconoce que, por sí solo, no puede más: "Sé que yo solo, con mi fuerza de voluntad, volveré a fracasar".

Así comienza un camino que no exige perfección, sino disposición.

Luego escuchamos a Oscar, en "Los Pasos le permiten obtener la dádiva más preciada", quien descubre la serenidad al dejar de controlar lo incontrolable: "Aprendí que cuando Él conducía, el viaje era más placentero y cómodo. Pude ver que cuando yo conducía, el viaje se me hacía más largo, las rutas eran tediosas".

Así, historia tras historia, este capítulo nos invita a recorrer un proceso de cambio profundo, contado con honestidad, dolor, humor y esperanza. Un recordatorio de que el mensaje de AA sigue vivo, porque se sigue compartiendo.

Te invitamos a recorrer estas doce historias que reflejan, paso a paso, el despertar espiritual que ha transformado tantas vidas. Tal vez en ellas descubras algo que también hable de ti.

Mi primer paso

LOS CIMIENTOS DE UNA NUEVA VIDA

Por fin he admitido mi derrota ante el alcohol. He pasado demasiado tiempo autoengañándome, pensando que los que estaban a mi alrededor no se daban cuenta de mi adicción al alcohol. Creyendo que mi manera exagerada y compulsiva de beber era normal. Buscaba la justificación de mi forma de ser y de beber culpando a los demás por cosas que yo mismo creaba en mi mente.

Era un auténtico creador de mentiras estúpidas, siempre con el "Pobre de mí" en la cabeza. No me daba cuenta de que todo era creado por mí, para tener un motivo para ir a buscar una copa, para evadirme de la mentira que yo mismo creaba.

Ahora sé que mi mente está deformada y obsesionada por beber, y que en lo relacionado a la bebida, he perdido la confianza en mí mismo. Lo tengo muy claro: yo solo no puedo. Sé que yo solo, con mi fuerza de voluntad, volveré a fracasar en los intentos de dejar de beber, o como antes pensaba, en beber de manera controlada. ¡Qué gran engaño! Beber de manera controlada. Soy un alcohólico y ahora sé que jamás podré controlar mi manera de beber. El alcohol me controlaba a mí.

Siempre que he intentado beber menos he llegado a estar algún tiempo bebiendo moderadamente, pero siempre llegaba el día en que Don Alcohol decidía tomarse la revancha con más fuerza, para tumbarme y dejarme absolutamente humillado, con la dignidad por los suelos.

Ahora sé que Don Alcohol tiene escrito algo para mí, y si sigo a su lado, no tardará mucho en subir a la tribuna para leer su obra maestra. Una crónica llena de infelicidad, sufrimiento, dolor y oscuros capítulos. La crónica de una muerte anunciada: la mía.

Gracias a vosotros, compañeros, y a nuestro programa, sé que aceptando mi derrota total podré dar mis primeros pasos hacia la liberación. Admitir esta derrota es lo que me ayudará a forjar mis nuevos cimientos. Cimientos sobre los cuales podré construir una nueva y bella casa en la que empezaré mi nueva vida, donde la felicidad estará escrita con mayúsculas y bien grande en la fachada: Una vida feliz y útil.

He conocido la humillación ante mi propia persona y ante otras. Sé que estas humillaciones son necesarias para mi crecimiento. Quiero ver el pasado no con tristeza ni con remordimientos por todo lo malo que hice o por lo que no hice. Tengo que enterrar el pasado, pero no olvidarlo, enterrarlo como se entierran las semillas. Estas serán las semillas de las bellas flores y árboles que nacerán en el jardín de mi nueva casa. Nacerán con raíces fuertes, como mis raíces que se harán fuertes en nuestra Comunidad de Alcohólicos Anónimos, y algún día podré enseñarles a mis hermanos esos árboles y esas flores.

Les contaré cómo llegaron a convertirse en lo que hoy en día son. Podrán ver con sus propios ojos en lo que pueden llegar a convertirse si están dispuestos a enterrar sus propias semillas, a regarlas y trabajar en su propio jardín.

Pero mientras sigo trabajando en el principio, en mis cimientos, en asegurarme de que no dejo atrás nada, debo sacar afuera todas esas feas semillas de mi pasado para que no quede ninguna dentro de mí.

Me resultará difícil verlas y reconocerlas a todas dentro de mí; pero queridos compañeros, tengo toda la vida por delante para hacerlo y muchos pasos de nuestro programa que seguir dando junto a vosotros. Vosotros sois quienes me ayudaréis a sacar todas esas semillas fuera de mí. Vosotros mis compañeros de grupo, los que siempre estáis ahí para ayudarme a echar el hormigón de los cimientos. Los que estáis ahí para decirme si veis que algo está desplomado o torcido. A vosotros no se os escapa ni el más mínimo detalle. Por eso, gracias a vosotros, mi nueva casa será la que me merezco, en la que seré feliz. Muchas gracias, compañeros.

José M. | Málaga, España

MARZO / ABRIL 2024

Creer no es suficiente

UNA REFLEXIÓN SOBRE EL SEGUNDO PASO

La inmensa mayoría de las personas tiene una relación con una deidad sobre la cual depositan sus miedos, sus ilusiones, su confianza. Cualquiera que sea su representación, todos buscamos un mástil en donde podamos asegurar nuestra frágil existencia. Son tantas las dudas sobre el devenir que solo la confianza en un Poder Superior las responderá.

Hace poco, en una tarde en que las sombras oscurecían el camino, se me ocurrió tomar el libro Los Doce Pasos de AA. Lo abrí justamente en el Segundo Paso, en donde nos plantean la necesidad de llegar a creer que un Poder Superior a nosotros mismos podría devolvernos el sano juicio. Una propuesta hacia la cordura.

Se plantean allí varias de las diversas condiciones que hemos transitado los que nos extraviamos en el camino, apelando al alcohol u otras sustancias psicoactivas, pretendiendo vivir al arbitrio de nuestra imperiosa voluntad. Desde esa esquina, la de la imperiosa voluntad, quisimos transitar "a nuestra manera" y el resultado ha sido un desastre.

Aceptar la existencia de un Poder Superior nos resulta difícil, casi todos fuimos orientados hacia una religión o a un tratado de buenas costumbres, pero la vida nos colocó en situaciones que no siempre correspondían a nuestros deseos. En el transcurrir de la vida nos fuimos apartando de todo, de todos, y hasta del mismo Dios en el que pensábamos que creíamos. Esa fue nuestra gran equivocación: partimos de la base de esperar que Dios hiciera lo que nosotros esperábamos. Pocas veces, o ninguna, estuvimos dispuestos y listos para aceptar su voluntad. No podemos creer en Dios y desafiarlo al mismo tiempo. Podíamos creer en Dios pero mantenerlo fuera de nosotros. La fe es confianza, no desafío.

Estos planteamientos del Segundo Paso de AA me llevaron a descubrir y aceptar que yo no tenía el 101 por ciento de la razón. Ahora me permito la posibilidad de tener buena parte de la razón, pero no toda la razón todas las veces. El beneficio de esta posición me ha generado un gran acercamiento hacia el mundo circundante, y con ello una mejor relación con el Dios que preside sobre todos nosotros.

Asimilar el Segundo Paso ha significado un gran avance en la confianza en el que todo lo preside y su infinito amor para conmigo, mucho más allá de las dificultades que la vida pueda presentarme. Si mi sintonía con Él es transparente, puedo percibir con enorme alegría la seguridad de su protección y sentirme parte de su creación.

Releer el Segundo Paso me ha permitido entender que la sola creencia NO es suficiente; se requiere estar dispuesto a vivir bajo su cuidado y observación. Dios me permite el libre albedrío, pero no debo ocuparme de Él como un comodín a mi acomodo. Empecé a pedirle menos por mis caprichos y empiezo a solicitarle que me permita conocer su voluntad y me dé la fortaleza para aceptarla.

Al procurar sintonizarnos con la voluntad de Dios experimentamos una mayor confianza en nosotros mismos. Estamos sintiendo que la FE es confianza, no desafío, como lo plantea el mismo Paso. Aunque se tengan muchos años en AA, es bueno retomar con alguna frecuencia el análisis de los Doce Pasos. Fácilmente podemos dormirnos en los laureles del tiempo en abstención.

Compartires de Fortunato Zapatoca, 2021

Antonio G. | Bogotá, Colombia

SEPTIEMBRE / OCTUBRE 2010

Un paso muy práctico

HÁGASE SU VOLUNTAD, NO LA MÍA

El día en que llegué a Alcohólicos Anónimos, los compañeros que me recibieron me explicaron el funcionamiento del grupo y me hablaron de un programa de Doce Pasos y Doce Tradiciones.

Recuerdo dos cosas de ese día: mis denodados esfuerzos por levantar la vista del suelo y mirar a los ojos a las personas que me hablaban y la palabra "Dios" recurrente en el programa. Recuerdo que pregunté qué pintaba Dios en todo esto de dejar de beber. Me contestaron: "Esto no es un programa religioso, sino espiritual. Cada uno se forma una idea personal de Dios, la que necesita. De todo te irás enterando, si te quedas. Ahora, entremos a la reunión".

El tiempo ha ido pasando y yo me he ido enterando, efectivamente, de que alguien con el espíritu enfermo precisa de un programa espiritual, y que el Dios de los alcohólicos, tal y como yo lo concibo, poco tiene que ver con el que manejan las distintas religiones.

Las religiones persiguen la virtud y, para conseguirla, proponen un sistema de premios y castigos. La finalidad del programa de Alcohólicos Anónimos no es volverme más virtuoso sino proporcionarme el equilibrio mental imprescindible para vivir un día más sin ingerir alcohol. Ese es el premio. En cuanto al castigo, no necesitamos un Dios justiciero; para eso ya tenemos el alcohol.

Si profundizo en mi enfermedad, me doy cuenta de que durante muchos años he jugado a ser Dios sin saberlo. ¿Cómo iba a dejar mi vida y mi voluntad a Su cuidado si el lugar ya estaba ocupado por mí mismo? Quería ser Dios cuando pretendía que las circunstancias y las personas se amoldaran a mis delirios, en vez de acomodarme yo a ellas. Me he golpeado insistentemente contra esa pared hasta darme cuenta de que las circunstancias y las personas tienen sus propios planes, que no coinciden con los míos. El resultado, de niño, era una rabieta. En la adolescencia, la rabieta se hizo borrachera. "Ahora os vais a enterar", decía para mis adentros, y me bebía media botella de vodka. Y es que al tercer o cuarto trago la realidad se volvía blanda y moldeable a mis deseos. Así, copita a copita, fui construyendo una imagen ideal de mí mismo y de mi entorno, me volví habitante de un país imaginario: "Cayo Coco", lo llama acertadamente un compañero. Es cierto que somos idealistas en quiebra, pero hay que ver cuántos borrachos se ha llevado por delante el dichoso idealismo.

Dios es una herramienta en cuyas manos dejo todo aquello que no puedo cambiar, una vez que acepto que hay cosas que no puedo cambiar. ¡Vaya! Casi me mato bebiendo para averiguar esto que ahora me parece tan obvio.

Luego está el asunto del miedo. El control no es más que la manifestación enfermiza del miedo, al igual que las reacciones extemporáneas y desproporcionadas ante hechos nimios. También, durante mi etapa de bebedor, hice el cursillo de matar moscas a cañonazos. "Defiéndete antes de que ataquen" parece haber sido mi lema durante muchos años.

Cuando pongo mi vida y mi voluntad al cuidado de Dios, el miedo desaparece. Ocurre lo que tiene que ocurrir y no lo que a mí me conviene que ocurra. Durante años quise controlar mi vida y casi la destruyo. Creo que ha llegado el momento de cederle el timón a otro.

Los planes de Dios son mejores que los míos, aunque no los comprenda inmediatamente. Si tengo la suficiente paciencia y dejo que la vida fluya sin intentar desviar su curso, al final se revelará el sentido de las cosas. Pero no es paciencia lo que me sobra.

Abrirme a la ayuda de un Poder Superior es abrirme a una sabiduría exterior a mí. La sabiduría no me llega envuelta en una luz deslumbrante ni me la trae un viento de espíritu, sino que se manifiesta en el testimonio de los compañeros, donde se acumula la experiencia de todos aquellos que han intentado honestamente dejar de beber. Dejarse ayudar, rebajar el orgullo, mantener la soberbia bajo control hasta convertirla en autoestima es especialmente importante para alguien a quien le cuesta un imperio reconocerse impotente ante algo o ante alguien. La derrota, ese golpe que me doy contra el fondo, quiebra el búnker en el que se ha encerrado mi ego, y por la grieta comienza a colarse la información, la luz que me permite llevar una vida plena, útil y feliz.

El Tercer Paso no me vuelve más religioso, sino más práctico, pues me permite dejar de sufrir por todo aquello que escapa a mi control: los pensamientos y sentimientos de los demás, las circunstancias de cada día, mi propia vida. Lamentarme como un niño por no alcanzar la luna o llorar porque nunca correré los cien metros lisos en ocho segundos es absurdo. Mientras me lamento por lo que no tengo y nunca alcanzaré, me olvido de disfrutar de lo que poseo y de vivir el momento presente. Una auténtica locura. Decididamente, Dios, en Alcohólicos Anónimos, es una herramienta a la que se le puede sacar un extraordinario rendimiento. Os la recomiendo.

Juanjo | Madrid, España

SEPTIEMBRE / OCTUBRE 2014

Aliviando la carga

LOS PASOS LE PERMITEN OBTENER LA DÁDIVA MÁS PRECIADA

En mis comienzos en el programa de Alcohólicos Anónimos, me llevaron a un aniversario de grupo y escuché a un veterano decir (ese veterano hoy en día tiene 54 años de sobriedad y todavía está activo en los grupos) que si practicaba los Pasos, seguía lo más de cerca posible lo que nos piden las Tradiciones, y luego me dedicaba a servir al programa de Alcohólicos Anónimos, iba a conseguir la dádiva de la Sobriedad y eso era un regalo del Poder Superior.

En lo más profundo de mi ser yo quería lo que aquel compañero tenía, una tranquilidad y serenidad únicas. Me dije que si practicaba los principios del programa de Alcohólicos Anónimos lograría la sobriedad y por ende la dádiva que me regalaría mi Poder Superior.

Eventualmente comencé a trabajar los Pasos de recuperación. Acepté sin reservas que yo soy impotente ante el alcohol y que mi vida era ingobernable. La aceptación sola no me brinda sobriedad, tengo que poner acción para lograrla.

Con la fe que ustedes me prestaron, en mi comienzo el grupo de Alcohólicos Anónimos fue mi Poder Superior. Entendí que un Poder Superior a mí me puede restablecer un sano juicio. Tenía mis dudas, había perdido todo lo que se consideraba fe, pero por arte de magia comienzo a tener fe y a creer en el Poder Superior.

Después de mucha pelea le entrego mi vida a ese Poder Superior. Aquí me fumé la pipa de la paz y se convirtió en Dios. No fue fácil, le entregaba el timón y se lo quitaba. Aprendí que cuando Él conducía, el viaje era más placentero y cómodo. Pude ver que cuando yo conducía el viaje se me hacía más largo, las rutas eran tediosas, chocaba con los obstáculos, etc, etc. Como dice un buen veterano de los grupos de Puerto Rico: "¡Para qué te lo cuento, si tú ya lo sabes!"

Al darme cuenta de que la botella ya no me bailaba, que físicamente había mejorado, que mentalmente había recuperado algo de mi sano juicio, comienzo la búsqueda del lado espiritual del programa. En esta etapa tal vez tenía algún grado de sobriedad. Me sentía feliz y contento por no estar bebiendo.

Había situaciones que todavía no sabía manejar y me doy cuenta de que mi programa es de acción y más acción;

no hay una varita mágica que me ayude a doblar esquinas. Tenía que seguir trabajando mi programa, día a día, para lograr obtener la sobriedad genuina y poder llegar a lo más preciado, la dádiva de mi Poder Superior.

Comienzo a conocerme, con mis defectos y virtudes. Comienzo a liberarme de los miedos: miedo a nada y miedo a todo. Comienzo a trabajar con la soberbia, deshonestidad, lujuria, temores, relaciones íntimas y personales, comienzo a conocerme tal como soy. Busco dentro de mí los fantasmas que no me dejaban crecer. Proyecto el lado oscuro de mi vida a la luz de mi verdad; con la luz comienza a desaparecer la oscuridad. Me gusta el lado que se comienza a alumbrar con la luz de la verdad, conocida a través del programa de Alcohólicos Anónimos.

Me propongo hacer una limpieza total. Tuve que hacerlo sin miedo, con la ayuda de mi padrino, de mis compañeros y compañeras y con la guía de mi Poder Superior. Tengo que continuar mi limpieza porque quiero obtener mi dádiva.

En mi viaje de recuperación sigo poniendo la acción necesaria para lograr ser un mejor ser humano. En esta etapa puedo identificar mis defectos de carácter y estar dispuesto a eliminarlos. Cada día dependo más de mi Poder Superior para lograr eliminar estos defectos. Aprendo a reconocer cuál es la verdadera humildad.

Conociendo la verdad de mí mismo, no siento vergüenza de compartirla con mis compañeros y compañeras de viaje. Me atrevo a desnudarme delante de ustedes y no sentir vergüenza, porque es mi verdad. De la mano de ustedes encuentro la libertad de espíritu que ustedes me facilitan. Gracias por no dejarme solo; comienzo a reírme de mi pasado y disfrutar junto a ustedes mi presente. Estoy seguro de que, mientras siga a su lado, siempre estaré gozando este presente.

¿Habré encontrado mi dádiva? A estas alturas estoy seguro de que estoy en el camino correcto de esa búsqueda.

Estoy arreglando mi pasado, lo puedo recordar y no sentir dolor ni lastima por mí. Las relaciones interpersonales se han podido arreglar de una manera extraordinaria. Situaciones que jamás creía que podía vencer, hoy son experiencias pasadas.

Para lograr y mantener la sobriedad, y que ésta se convierta en dádiva de mi Poder Superior, tengo que continuar la acción. Tengo que darle mantenimiento. Yo, como alcohólico, no puedo cargar exceso de equipaje. Si falto a mis principios, afloran los defectos de carácter, tengo que actuar inmediatamente y hacer mi inventario diario. La vida sigue su curso con sus altas y bajas, ustedes me han enseñado a vivirla en los términos de la vida.

Para que no pierda mi dádiva tengo que mejorar mi contacto con mi Poder Superior. Con la meditación trato de escuchar y hacer la voluntad de mi Poder Superior. A través de la oración me comunico con Él, uso el lenguaje que ustedes me enseñaron: "El Lenguaje del Corazón". Practicando estos principios de la oración y meditación voy asegurando mi dádiva más preciada: mi sobriedad.

Si me quedo con mi sobriedad y no la comparto, estoy seguro de que no se convierte en dádiva. Tengo que practicar los principios de Alcohólicos Anónimos en todos los actos de mi vida. Tengo que dar el ejemplo para que los que no lo tienen, puedan ser atraídos y logren la felicidad. Aprendo a llevar el mensaje de esperanza, devuelvo la fe a aquellos que la necesiten y, si la quieren, logren la felicidad de vivir sobrios y felices.

Yo comienzo a disfrutar la dádiva de Dios, mi sobriedad al estilo de Alcohólicos Anónimos y que es parte de todos ustedes.

Yo quiero mantener esa dádiva. Ustedes me dijeron que si me recupero con los Doce Pasos, luego uso la unidad que me dan las Doce Tradiciones y sigo unido a ustedes, para luego servirles sin mandatos con los Doce Conceptos de Servicio, me garantizan una sobriedad que se convierte en dádiva de mi Poder Superior.

Con los principios de Alcohólicos Anónimos, los tres legados de Recuperación, Unidad y Servicio los entrelazo con la aceptación y acción requerida y se convierten en la dádiva anhelada. Un regalo de Dios. Estos principios están al alcance del que los necesite y los quiera. Démosle una oportunidad al programa de vida que es Alcohólicos Anónimos.

Ustedes son el puente que sigue enlazando mi sobriedad, que a la vez es su dádiva que nos regala un Poder Superior.

Los quiero en el amor de AA.

Oscar R. | San Juan, Puerto Rico

MAYO / JUNIO 2006

El Paso Quinto dado

CON UNA DOSIS DE HUMILDAD, PUDO EMPEZAR DE NUEVO

Durante mis primeras semanas de sobriedad, leí todos los Doce Pasos rápidamente y decidí que cualquier idiota podría seguir esas sugerencias sin problemas. Pero al acercarse el momento de dar el Quinto Paso, comencé a tener dudas. Nunca podría contarle a otra persona algunas de las cosas que había hecho mientras estaba tomando.

Si estos nuevos amigos que había conocido en AA realmente supieran quién era, no querrían tener nada que ver conmigo. Por ello, decidí que iba a mantener la boca cerrada en relación con los horrores de mi pasado, y a aparentar que todo estaba bien.

Unos meses después, había intentado hacer mi primer Quinto paso. Con un cuaderno con mi inventario en mano, recité una lista de ofensas veniales. No dije nada relacionado con el miedo, la culpa que me carcomía ni el odio a mí mismo.

Simular hacer un paso no es lo mismo que hacerlo. Por ende, no sucedió nada extraordinario aquel día. Lo que experimenté fue una derrota.

La derrota, aunque dolorosa, es parte del aprendizaje. Así como el alcohol me había derrotado y me había obligado a aceptar cierta dosis de humildad en mi vida, lo mismo ocurrió con mi primera experiencia con el Quinto Paso. La dosis de humildad había desinflado nuevamente mi ego alcohólico, y allí estuvo la clave del éxito. Al verme obligado a abandonar mi concepto de cómo debía hacer el Quinto Paso, comencé a escuchar más atentamente en las reuniones. Oír a otros compañeros hablar de una forma tan libre, sincera y realista sobre sus defectos, hizo que fuera más fácil para mí comenzar a compartir acerca de los míos. Como un nadador que hunde un dedo en el agua antes de tirarse a la piscina, yo empecé a compartir acerca de mis defectos lenta y cautelosamente. Siempre esperaba encontrar rechazo y expresiones de desagrado, pero me di con la grata sorpresa de recibir comprensión, aceptación y apoyo.

En el transcurso de un año, la mayoría de las abominaciones que me atormentaban ya habían sido sacadas a la luz, con la ayuda de un buen padrino. Las examinamos juntos, eliminamos la culpa y los remordimientos, y decidimos en qué casos era necesario hacer enmiendas. Algunos meses después, me tiré de lleno a la piscina: di formalmente el Quinto Paso, del que tanto había escuchado hablar. Durante cinco horas, mi padrino y yo nos sentamos en la sala de su casa y conversamos. No fue una sesión de reproches atormentados ni de autoflagelación. Por el contrario, pude compartir esperanzas, miedos, antiguos errores y planes realistas para mejorar. Por supuesto, se habló de resentimientos, culpa, lujuria, celos y otras cosas por el estilo; pero también pudimos compartir sobre felicidad, alegría, gratitud y amor.

Ninguno de los Doce Pasos es un ejercicio de autodestrucción. Es verdad que un Quinto Paso sincero es una forma de desinflar el ego, pero únicamente a través de la humildad esencial que me da, puedo comenzar a crecer mental, emocional y espiritualmente para convertirme en la persona que Dios quiere que sea.

J. B.

MAYO / JUNIO 2006

Ese sencillo Sexto Paso

ESTUVIMOS ENTERAMENTE DISPUESTOS A DEJAR QUE DIOS NOS LIBERASE DE NUESTROS DEFECTOS

He hablado con muchas personas en AA que han tenido o están teniendo grandes dificultades con el Paso Seis, entre los que me incluyo. El Sexto Paso sugiere: "Estuvimos enteramente dispuestos a dejar que Dios nos liberase de nuestros defectos".

"Es demasiado sencillo", me dije. "No es posible que funcione de esa manera". E inmediatamente me vi en problemas, porque lo que hice fue lo siguiente: "Voy a juntar los Pasos Seis y Siete y terminar con ellos de una vez", pensé: "Seguro que Bill W., por algún motivo supersticioso estaba tratando de estirar estos principios para que fueran doce".

Ese fue mi primer error. Estaba "pidiendo" antes de estar "dispuesto". No funcionó entonces y tampoco funciona ahora. Primero, tenía que llegar a estar dispuesto, y este paso brinda lo necesario para que eso suceda.

A veces mi decisión de abandonar un defecto es rápida por causa del intenso dolor que me ocasiona. Pero hay otros defectos que son más sutiles; y yo de verdad disfruto de la emoción enfermiza y del colorido que le añaden a mi vida. Detesto el defecto, pero me encanta el efecto. Según he descubierto, me tomará mucho tiempo desprenderme de este tipo de defectos.

Será necesaria una gran cantidad de dolor y mucha oración para que desarrolle la voluntad de dejarlos. Trato de aceptar esta parte de mi ser, compartirla con los demás, tratar de lograr un progreso en estas áreas de mi vida, y seguir avanzando con los pasos. El sentarme a esperar siempre me hace daño.

En el análisis que hice en aquel entonces me decía: "Aquí no hay nada que hacer. No hay ningún desafío, nada por lo que deba luchar o que tenga que superar".

Este fue mi segundo error. Este Paso, al igual que los Pasos Uno, Dos, Tres y Ocho, exigen cierto tipo de acción sumisa, que mi ego inexpugnable encuentra intolerable. En este paso no emprendo una cruzada para corregir algo externo, sino que me permito volverme "enteramente dispuesto".

Para mí este es un acto de renunciación, no de control. Es la acción que más me ha costado realizar, que me ha causado más lágrimas y mayor rebelión que cualquier otra en mi vida. En este paso, literalmente, tengo que darme por vencido y confiar en mi Poder Superior. No puedo lograr estar dispuesto a base de mi fuerza de voluntad. Y darme por vencido se logra aceptando todos mis defectos, no analizándolos ni arreglándolos. Lo que yo entiendo es que tengo que repetir el proceso de los cinco primeros pasos, pero a otro nivel: admitir mis defectos (y virtudes) significa aceptar quién soy verdaderamente en este momento, y luego admitir además que soy impotente para cambiar cualquiera de ellos a través de mi fuerza de voluntad únicamente. Es algo muy fácil de entender, pero muy difícil de querer hacer. Es en este paso que comienzo a experimentar la verdadera naturaleza de mi impotencia, y hasta dónde llega ésta. Descubrí que me aferraba porfiadamente a muchos de mis defectos de carácter por la comodidad y seguridad que creía que me daban. Al igual que con el alcohol, no me podía imaginar la vida sin ellos.

Analizando aún más este paso, me dije: "Finalmente, este es el paso que estaba buscando. He aquí mi oportunidad de lograr la perfección".

Si me dan las palabras "enteramente" y "todos", tengan mucho cuidado porque me pongo frenéticamente a alcanzar la santidad en menos de una semana. Pero, como se imaginarán, todavía no he llegado a ser santo. Se me olvidaba que este paso, al igual que los demás, está escrito por seres humanos para humanos. Ahora estoy comenzando a verlo como un proceso de darse por vencido, a través de la aceptación, poco a poco. A medida que cada defecto me lleva a una nueva derrota, me doy por vencido, aceptándolo como mío y admitiendo mi impotencia ante él, de la misma manera que hice con el alcohol. Un día a la vez me estoy volviendo "enteramente dispuesto".

Por causa de mi perfeccionismo, debo recordar constantemente que el Paso Seis es una guía, algo a que apuntar, no algo que deba lograr con perfección antes de pasar a otra cosa, porque de lo contrario jamás pasaría de los primeros cinco pasos, y cinco no son suficientes.

Mi mente brillante me sugirió también: "Este es un paso que puedo hacer por mí mismo, así es que lo haré como yo quiera".

Ahí estaba mi mayor error, y no era la primera vez que lo cometía. Ya había intentado hacer este paso solo. La forma en que lo leí fue "...nos liberase de mis defectos". Pero el enunciado del paso no dice "mis". Ninguno de los pasos usa pronombres como "yo" o "mi". Según yo los veo, los pasos son una forma de vida compartida. Son la experiencia común de muchas personas que han trabajado juntas para resolver un problema común. No puedo hacer el Paso Seis completamente solo.

En el libro Doce Pasos y Doce Tradiciones, dice que este paso separa a los niños de los hombres. A decir verdad, esa ha sido mi experiencia, según se va revelando diariamente. Con este paso por primera vez estoy comenzando a entender un poco la necesidad de la verdadera humildad para poder vivir una vida feliz y serena. Creo que parte de humildad es la aceptación de uno mismo. A medida que esta aceptación reemplaza al odio a uno mismo y al fracaso de tratar de arreglar mis defectos por mi cuenta, se va añadiendo una dimensión de serenidad que me es muy necesaria vivir. Bill W. expresó esta idea muy bien cuando dijo que la humildad era el reconocimiento de lo que somos verdaderamente, seguido de un intento sincero de convertirnos en lo que podríamos ser.

Así es que, cuando se trata del Paso Seis, les puedo decir a ustedes y a mí mismo: "Realmente me falta mucho para avanzar, y hay días en que no tengo nada de ganas de hacerlo, pero le doy gracias a Dios por el conocimiento de mí mismo que hoy tengo, y para mí, eso es un progreso".

E. C. | Bowling Green, Kentucky

MAYO / JUNIO 2011

Un lento avance

EL SÉPTIMO PASO LO LLEVÓ, PASO A PASO, A ENCONTRAR EL EQUILIBRIO

La otra noche me dirigía a un lugar poco santo donde a veces acudo como evasión. En el taxi de ida me encontré rezando: "Dios, no permitas que me pase nada malo. Tampoco quiero pelearme contigo. Sé que algunos comportamientos que tengo son egoístas y no me ayudan a crecer, pero no puedo (¿o no quiero?) dejarlos por ahora". Esto tal vez represente un avance. Cuando era nuevo en el programa, mi vida estaba muy fragmentada, dividida en compartimientos. Tenía varias adicciones y compulsiones además del alcohol, que fui dejando atrás con la ayuda del programa y de los Pasos, de compañeros y consejeros espirituales que me fueron guiando.

Algo que entiendo ahora es que la enfermedad me empujaba a vivir en la oscuridad, lleno de secretos, mentiras y comportamientos deshonestos. La labor de los Pasos, en especial el inventario del Cuarto y las revelaciones del Quinto, me ayudaron a conocer cuáles son mis defectos de carácter, los comportamientos y actitudes que entorpecen mi crecimiento espiritual.

En el Sexto Paso, trato de estar "enteramente dispuesto a dejar que Dios me liberase" de estos defectos. Para ello, necesariamente tiene que aumentar mi confianza en mi Poder Superior, ya que es Él quien me libera, no lo hacen mis propias fuerzas.

El Séptimo Paso es algo así: cuando pienso en hacer algo que sé que no me ayuda, o que me pone en conflicto con los demás, cuando el defecto de carácter saca a relucir sus insaciables dientes, me pongo de rodillas y digo: "Creador mío, estoy dispuesto a que tomes todo lo que soy, bueno y malo. Te ruego que elimines de mí cada uno de los defectos de carácter que me obstaculizan en el camino para que logre ser útil a ti y a mis semejantes. Dame la fuerza para que al salir de aquí, cumpla con tu voluntad. Amén". (Alcohólicos Anónimos, página 71).

Esta oración la he dicho varias veces a lo largo de mi recuperación, por lo que puedo decir con cierta exactitud que he hecho el Séptimo Paso. Pero los defectos de carácter son tenaces y no desaparecen completamente, sino que dependen de mi condición espiritual. El Sexto y Séptimo Pasos son una labor constante.

Ahora bien, al encarar el Séptimo Paso, es importante considerar la palabra "humildemente". La definición de humildad que nos da el programa es algo diferente de lo que normalmente se entiende por esta palabra. Humildad en Alcohólicos Anónimos no es solo ausencia de soberbia, sino que también es sinónimo de equilibrio. Como dicen en mi tierra: "Ni tanto que queme al santo, ni tan poco que no lo alumbre". El equilibrio viene con mi crecimiento espiritual, con los errores y el desarrollo de la voluntad de cambiar que me trae el dolor. Al principio, el equilibrio es un estado irreconocible. Extraño la oscuridad de mi vida anterior, busco de nuevo los compartimientos tan familiares. Pero con el tiempo, "la luz del espíritu" va entrando en cada parte de mi vida y de mi mente, integrando mis fragmentos e impulsándome a buscar otras formas de ser y actuar en el mundo. El día en que le diga al taxista: "Cambié de idea, lléveme de vuelta a casa", sabré que he avanzado aún más.

Anónimo | New York, New York

JULIO / AGOSTO 2002

Preparando la lista

DESCUBRIR LA VERDAD FUE EL PRIMER ACTO DE REPARACIÓN

Para mí el Octavo Paso es la prueba de que los pasos anteriores han producido en mí una actitud, o la comprensión, de que mi enfermedad no solo me ha dañado a mí, aunque no fuera mi intención, ni lo hiciera de una forma totalmente consciente. Tengo que asumir mi responsabilidad y descubrir la verdad acerca de todas aquellas relaciones emocionales en las que no solo por mi adicción al alcohol, sino también por mis defectos de carácter, ocasioné daños a otras personas.

En un principio pensé que yo solo me portaba mal cuando bebía, y por lo tanto, como ya había dejado de beber, todo estaba hecho. Pero ese era uno de los esquemas mentales que utilizaba para no asumir mi responsabilidad. Siempre había una "causa" ajena a mí para justificar mi comportamiento. Me convertí en una experta en disfrazar la verdad.

Cuando fui consciente de esto pude empezar a hacer una lista, aunque los fantasmas del pasado, recuerdos dolorosos y emociones confusas brotaban en mi mente y me provocaban una profunda angustia. Todo esto activaba en mí el resentimiento, ¿cómo podría incluir en la lista a "tal" o a "cual"? Con lo que ellos me hicieron a mí.

Tuvo que pasar mucho tiempo para liberarme de este

obstáculo. Comprendo ahora que necesito perdonar y perdonarme a mí misma, recordando que el daño causado no fue adrede y que nadie es perfecto, incluso yo. Tengo que asumir mi responsabilidad y olvidar o no tener en cuenta, los actos de otras personas hacia mí, hacer lo que este paso sugiere si quiero mantener mi sobriedad emocional. Solo cuando soy consciente de esto es que puedo ser lo suficientemente honesta conmigo misma para reconocer el daño causado a todas aquellas personas con las que tuve algún vínculo emocional: familiares, amigos, pareja. Y no solo por ingerir alcohol, sino por privarles de mi comprensión, de un amor limpio y sincero, porque, en resumidas cuentas, yo no vivía ni dejaba vivir. Esa lista aún sigue abierta, ya que el programa de AA nunca se termina. Cada día que amanece tengo que aplicar el programa y aunque no ingiera alcohol, sigo cometiendo errores, sigo haciendo un inventario y una lista de aquellas personas a las que hoy he perjudicado.

Aurora | Madrid, España

NOVIEMBRE / DICIEMBRE 2019

La fe en acción

SU MADRINA LE ENSEÑÓ CÓMO USAR EL PROGRAMA EN SU VIDA Y ASÍ PODER APOYAR A SU MAMÁ

Mi nombre es Ebelina O., y soy alcohólica. Por la gracia de mi Poder Superior tengo muchas veinticuatro horas en AA, ya que gracias a mis compañeros y sus experiencias, llegué a aceptar mi alcoholismo y mi vida ingobernable.

Cuando mi madrina me preguntó si creía en Dios, yo le respondí que sí. Sin meterme en controversia con las diferentes religiones en las que yo crecí, yo creía que tener un Poder Superior era rezar, ir a misa, hincarme, etc. No digo que eso esté mal, sino que a mí no me funcionaba, pues no lo sentía. En el programa se me enseñó a buscar ese Poder Superior de quien yo me había alejado, y sobre todo a creer en Él, ya que solo Él me puede ayudar. Aunque al principio para mí fue difícil, pues cada vez que oraba, al mismo tiempo me preguntaba: "¿Me estará escuchando?", "¿Dónde está?", etc.

Con el tiempo, y un poco de sufrimiento, dentro de AA empecé a practicar la meditación, la oración, y aprendí a hablar con ese Ser Supremo con mis propias palabras y como yo lo concibo, para entregarle mi voluntad y mis problemas que no puedo resolver.

Hace unos meses viví una experiencia muy dolorosa, ya que mi madre cayó en el hospital por un problema de neumonía, por lo cual me vi en la necesidad de hacer un viaje muy apresurado. Los médicos no nos daban ninguna esperanza de que ella sobreviviera. En mi mente estaba la idea de que tal vez no la alcanzaría a ver con vida. Desde ese momento le empecé a pedir a Dios la fortaleza para soportar lo que fuera, ya que he aprendido, gracias al programa, a no exigirle a Dios (mi Poder Superior).

Gracias a mi Poder Superior tuve la oportunidad de ver a mi madre con vida y de cuidarla en algunas ocasiones. En el hospital nos dijeron que solo un milagro podía salvarla, y pues a mí solo me quedaba dejar todo en manos de Dios y dejar de luchar. Para sorpresa de todos, se dio el milagro y ella se recuperó. A pesar de no sentir culpabilidad hacia ella, pude experimentar mucho dolor al verla en esa situación.

Digo que no siento culpa, porque en los años que llevo dentro de AA, he tenido la oportunidad de hacer un inventario y por consiguiente hacer mis reparaciones, incluyendo a mi madre. Mi madre me dice que yo he cambiado y eso me hace sentir muy bien, porque a pesar de la distancia, nuestra relación ha sido hermosa. He podido demostrarle mi amor hacia ella cada vez que pude, y hoy sé que no sería de esta manera si yo no hubiera llegado a AA.

En esos momentos tan difíciles que viví, hubo algo que me dio fuerzas, y eso fue la meditación y el hablarle a mi Poder Superior; llorar y entregar mi dolor. Mi grupo también me apoyó. Mi madrina y mis compañeros me han enseñado mucho, pues ahora sé que no estoy sola como pensaba; tengo a AA y a mi Poder Superior que me acompañan a donde yo esté, en los peores momentos.

Ebelina O. | San José, California

MAYO / JUNIO 2013

Un balance espiritual

EL ANÁLISIS DIARIO LE PERMITE VIVIR SIN SOBRESALTOS

He escuchado muchas veces decir: "Es más fácil dejar de tomar que mantenerse sin tomar".

Cuando daba mis primeros pasos en la Comunidad de AA, me parecía que los compañeros daban demasiada importancia a los aniversarios en Alcohólicos Anónimos.

Hoy, cierto tiempo después, creo comprender un poco mejor las razones de esto.

Pasan muchas cosas en la vida de una persona, en la nuestra y en la de cualquiera. Incluso, creo, que estamos más expuestos que los demás a que nos ocurran cosas desagradables a consecuencia de nuestro pasado.

Otras veces nuestros asuntos se van solucionando y la vida parece volver a sonreírnos.

Cualquiera de estos dos extremos encierran un riesgo muy patente: que sintamos que no vale la pena nuestro "sacrificio" o que ya nos sintamos "absolutamente" dueños de la situación.

Esto puede hacer que olvidemos nuestra real condición, y es aquí donde, creo yo, radica la enorme importancia del Décimo Paso.

En el primer caso, debo concentrarme en cuál fue mi disposición, mis acciones, si me esforcé en hacer lo correcto aunque los resultados no fueran los esperados.

En el segundo, preguntarme hasta qué grado los resultados se deben exclusivamente a mí, y cuántos de ellos se deben a circunstancias ajenas o a otras personas. Cuánta humildad he mantenido a pesar de esto. Sí, soy consciente de que mañana los resultados pueden ser exactamente los opuestos.

Mi verdadero éxito no debe radicar en mis relaciones laborales o personales, sino en mi crecimiento interior y en mi independencia emocional de las circunstancias, favorables o no.

Con el tiempo, y con algo de paciencia, he logrado que al repasar mi día, poniendo mis acciones en el debe y en el haber, el saldo sea positivo.

¡Qué hubiera sido de mí si hubiese tenido que vivir las cosas que me han pasado sin Alcohólicos Anónimos!

Sin dudas, por más modestos que hayan sido mis progresos, este saldo es altamente beneficioso para mí.

Entonces, hoy que puedo elegir, elijo pagar el menor precio. Prefiero dedicar algunas horas de mi día a Alcohólicos Anónimos que olvidarme de ello y sufrir las consecuencias.

No es por virtud que pertenezco a Alcohólicos Anónimos, es por pura conveniencia personal.

De este modo el Décimo Paso no solo me ayuda a superarme a mí mismo, reconociendo mis fortalezas y mis debilidades, sino que me ha ayudado a continuar perseverando por la senda de Alcohólicos Anónimos.

Anónimo

Disciplina espiritual

EN EL PASO ONCE EXPLORA LOS DIVERSOS CAMINOS DE LA ESPIRITUALIDAD

Me llamo Marcos y soy un AA. Desde mi postura como ateo que busca la sobriedad quiero compartir mi experiencia con el Paso Once de nuestro programa.

En lo que a la práctica corresponde, la meditación es algo que desde mucho antes de comenzar a beber, y lógicamente de conocer el programa, ya había experimentado, y hasta la fecha, sigue siendo motivo de gran interés y satisfacción, pues aún en mis épocas de actividad alcohólica, la meditación generaba un contrapeso frente a la problemática que mi alcoholismo me obligaba a padecer.

Desde los doce años de edad, decidí tomar distancia con la iglesia y eliminar toda práctica religiosa de mi vida. Mi primer contacto con la meditación en el sentido orientalista del término fue a la edad de trece años, cuando durante algunos meses estuve estudiando judo, nos sentábamos en el tatami en una posición conocida como seiza, muy usual en las artes marciales.

El maestro, o sensei, nos instruía para realizar sesiones cada vez más prolongadas en esa posición, enfatizando en la postura, respiración, relajación y actitud, recomendándonos tratar de "poner la mente en blanco", lo que no comprendíamos del todo.

Tres años después, estando ya en la escuela preparatoria, supe del Budismo Zen, a partir de ciertas lecturas, y esto significó para mí el mayor descubrimiento de esa época, pues por fin, desde el abandono de la religión, me encontraba con la posibilidad de proporcionarle a mi espíritu esa parte del alimento del cual carecía.

No fue sino cuando llegué a la universidad, que comencé mi práctica formal en la meditación Zen, durante mi permanencia en el dojo de karate, bajo la instrucción de mi maestro en la misma disciplina, para simultáneamente pasar a practicar Zazen bajo la dirección de un monje budista japonés.

Para ese tiempo, mi enfermedad alcohólica ya se había manifestado, y debido a su naturaleza progresiva y saboteadora, mi capacidad para responder a las exigencias de tan enérgicas disciplinas, se fue minando al grado de verme en la necesidad de suspender ambas actividades. Reduciendo la meditación a una práctica hogareña, irregular y alcoholizada.

Un año después de titularme, decidí mudarme con mi familia a la provincia a un tranquilo y bello pueblo turístico, en medio de bosques, cascadas y un hermoso lago, en donde me instalé y me dediqué a trabajar diariamente, incluyendo los domingos, y a beber el mismo número de días por las noches, durante un poco más de once años.

En ese lugar fue en donde se me transmitió y conocí por primera vez el mensaje de AA.

Cuando leí el Libro Azul y algunos folletos relacionados con el tema, quedé asombrado con las similitudes que encontré entre la historia y el programa de AA y lo que yo sabía de Budismo Zen. Eso, además —desde luego— de mi necesidad por dejar de beber, me ayudó a vencer mis fuertes resistencias a aceptar la ayuda que necesitaba.

La meditación ha significado para mí el alimento espiritual que seguramente a otros les proporcionará la religión, con la satisfacción de que va de acuerdo con lo que creo, pienso y siento, y también con lo que no.

Esta es, a muy grandes rasgos, parte de la historia de mi actividad espiritual en mi vida, tal como yo mismo la he procurado en el pasado, y como hasta la fecha la he venido cultivando.

No es la meditación el único alimento que siento que necesita mi espíritu. Son muchas otras las actividades y expresiones de la creación humana que comparto con mis semejantes del presente y del pasado, pero ese ya es otro tema.

Del Onceavo Paso, tomo lo que creo que me conviene, como con todo en la vida.

Tomando café y escuchando música rock, les deseo muchas y felices 24 horas.

Marcos

MARZO / ABRIL 2009

Progreso espiritual

LA ALEGRÍA DE VIVIR ES EL TEMA DEL DUODÉCIMO PASO DE AA Y SU PALABRA CLAVE ES ACCIÓN

Trabajar con honestidad y buena voluntad los primeros once Pasos de AA resulta en un despertar espiritual. Así lo establece la primera parte del Paso Doce. Mi despertar espiritual comenzó cuando mudé mi brega desde el plano material, donde la herramienta principal de trabajo era el egocentrismo, hacia el plano espiritual, en el cual empecé a trabajar con nuevas herramientas, como la humildad y la buena voluntad. Este cambio requirió un giro de 180 grados y un esfuerzo de 24 horas, pues fue cuando empecé a aprender a vivir sobrio.

Me he liberado de la dependencia del alcohol y ahora dependo de un grupo de hombres y mujeres que me muestran el camino de la sobriedad emocional. Ya mis creencias sobre la posibilidad de la recuperación del alcoholismo se han convertido en una realidad, en una fe que se palpa, en una fe que obra. La evidencia de mi recuperación se manifiesta a través de la recuperación de mis compañeros de AA. Y como dice la vieja canción: "Vista hace fe" o, lo que es lo mismo, "Ver para creer".

Ahora, recuperándome de la enfermedad del alcoholismo, tengo la oportunidad de dar el Primer Paso hacia el progreso espiritual, que consiste en llevar el mensaje al alcohólico que sufre (segunda parte del Paso Doce). Ahora es cuando puedo hacer con otros lo que hicieron conmigo, sin esperar compensación material alguna. Estoy convencido de que el trabajo del Paso Doce se desarrolla en el plano espiritual, en esa parte que tiene cada ser humano que el alcoholismo no puede dañar y que es el segmento del Poder Superior que habita junto al cuerpo físico. Tal es la base de mi fe hoy. Cuando llevo el mensaje, soy un intermediario, un mensajero. Y lo que importa es el mensaje, no el mensajero.

Claro que no puede haber recuperación sin aceptación. Aceptar la derrota total ante una gota de alcohol representa el primer paso hacia la recuperación de la enfermedad del alcoholismo. Pero es una decisión estrictamente personal. Fue mi decisión abrir la puerta, recibir al mensajero y aceptar el mensaje. Porque creo firmemente que no existe poder humano ni divino que me ayude si yo no quiero. De allí, el viejo estribillo que dice que "AA no es para el que lo necesita sino para el que lo quiere". Debido a que no es fácil aceptar la derrota total, aporto lo mejor de mí en la transmisión del mensaje. Los resultados los pongo en las manos del Poder Superior, que sabe lo que hay que hacer con esos resultados.

Después de haber experimentado la sublime satisfacción que me produce ayudar a otros alcohólicos que aún sufren, llegué a mi mayoría de edad en la práctica del programa de AA. Aquí es cuando me he puesto los pantalones largos, como dicen en mi barrio en Puerto Rico, y empiezo a practicar esos principios en todos los actos de mi vida (tercera parte del Paso Doce). Tremenda asignación para el resto de mi existencia. Pero no estoy solo porque ya sé que se puede, tengo la certeza de que si intento lo puedo lograr. Ya tengo fe en AA, en el grupo y en mis compañeros y es aquí donde me encuentro transitando por el camino del progreso espiritual, "tratando de practicar los principios de AA en todos los actos de mi vida".

A estas alturas del camino, he logrado unos cambios importantes en mi forma de pensar y actuar. Sin embargo, siento que mis pensamientos no están de acuerdo con mis acciones. Y esto me crea un desequilibrio emocional y espiritual. En el afán de conocer mi verdad para sentirme libre, me doy cuenta de que no he logrado concebir, sin reservas, un concepto de Poder Superior, algo que reconozco que debo hacer. Solo he logrado la sobriedad y la he mantenido.

Consciente de mi necesidad, empecé por descartar cualquier dogma sobre el concepto de Dios que había adquirido en mi rudimentaria formación religiosa. Libre de esas ataduras, de ese Dios de segunda mano, logré hacer un recuento de todas las veces en mi vida en que intervino la casualidad para ayudarme e, inclusive, salvarme la vida. Créanme que fueron muchas las veces y algunas sin una explicación lógica ni racional. Luego recordé un sueño que tuve en mi adolescencia en el que hice contacto con una luz muy brillante que se podía mirar pues no deslumbraba. En el sueño, la identifiqué como la luz de Dios. Probablemente esa idea de Dios me ayudó a concebir mi Poder Superior, no como una entidad sino como una energía, como una fuerza de cohesión que une y está contenida en cada átomo del universo.

Otro punto importante surgió cuando compartía un momento difícil con un compañero de AA. Una de sus sugerencias fue que buscara a Dios dentro, no fuera de mí. Esa sugerencia armonizaba con mis ideas y me ayudó en el desarrollo espiritual. Más adelante, en otro momento crucial, me encontré por casualidad con un compañero de AA a quien respetaba mucho por su forma de trabajar en el programa. Coincidimos en una farmacia y casi le grité que tenía un conflicto enorme con Dios que no me permitía alcanzar la paz mental y la serenidad de la que habla el programa. Ese compañero es la persona idónea para hablar del Poder Superior por sus experiencias antes y después de ingresar a AA. Se sonrió y me invitó a su casa. Estuvimos compartiendo ideas sobre el Poder Superior por más de dos horas. Me contó de su conversión al cristianismo después de haber llegado como ateo a los grupos de AA. En la actualidad se desempeña como diácono de la iglesia de la comunidad. Aunque sus ideas sobre el Poder Superior eran distintas a las mías, una vez más corroboré, a través de un compañero del programa, que mis problemas con Dios tenían solución. Salí de allí con un nuevo enfoque para concebir un Poder Superior que me ayudara a mantenerme sobrio.

Hoy puedo asegurar, sin ningún conflicto sobre el particular, que encontré el Poder Superior cuando dejé de buscarlo donde no estaba y di el Segundo Paso. He pasado muchas veinticuatro horas de sobriedad continua y aún sigo trabajando en mi recuperación, especialmente el Segundo Paso, pero también los Pasos Diez, Once y Doce.

José R. | San Juan, Puerto Rico

CAPÍTULO 2

AA Y LA FAMILIA

El alcoholismo no es una lucha solitaria; sus efectos se extienden como olas, tocando a cada miembro de la familia. Es una enfermedad que confunde, desgasta y hiere no solo al alcohólico, sino también a quienes lo aman. Para muchos, como Doris en la historia "Con dignidad", la bebida parecía ser la única manera de sobrellevar la vida. "¿Acaso no puedo ser una madre normal y cuidar a los niños sin echarme mis tragos? Juro que lo intenté con todas mis fuerzas", confiesa. Como ella, muchas familias quedan atrapadas en un ciclo de dolor y desesperanza, sin saber que existe una solución.

En Alcohólicos Anónimos, hemos sido testigos de milagros que van más allá del alcohólico. La recuperación tiene el poder de restaurar vínculos, sanar heridas y ofrecer un nuevo comienzo a toda la familia. En la historia "Una madre y un hijo", Juan Manuel comparte cómo su proceso de recuperación inspiró a su madre a buscar ayuda: "Ese inventario también la sacó a ella del alcoholismo; mi madre concibió un Dios a su manera y desde entonces no hemos vuelto a beber".

Este capítulo está dedicado a esas familias que han encontrado en los Pasos de AA una guía para reconstruir la confianza, fortalecer los lazos y descubrir que el amor puede vencer incluso las pruebas más difíciles. A través de estas historias, veremos cómo el despertar espiritual no solo transforma la vida del alcohólico, sino que también abre puertas a la fe, la unidad y la alegría para todos los que lo rodean.

ENERO / FEBRERO 2019

Aprendiendo a convivir

APLICAR LOS PRINCIPIOS BÁSICOS EN SU HOGAR FUE EL PRIMER PASO HACIA LA ARMONÍA

Mi nombre es Oscar y soy alcohólico ¡Qué poder tiene esta frase cuando, noche a noche, de grupo en grupo, de reunión en reunión, la repito para no olvidar quién soy y qué soy!

Dejé de beber desde el primer día que entré a mi querido grupo "Feliz Sobriedad", en San Antonio de Desamparados, Costa Rica. Un 16 de julio de 1994 fue el día que Oscar dejaba de tener problemas con su manera de beber. Desde ese día, por mi garganta no ha pasado nada de alcohol.

Dejar de beber para mí fue el primer y mejor paso que di cuando llegué a AA. Los compañeros que me recibieron me dieron el mensaje que AA reserva al nuevo cuando llega por primera vez al programa de recuperación. Esos hombres me dijeron que, si quería dejar de beber, pusiera en práctica la humildad para aceptar que necesitaba ayuda. Aceptar mi alcoholismo como una enfermedad y que, en cuanto al beber, yo era diferente a mucha gente que sí podía beber sin tener problemas.

Adquirí la confianza y la fe en un Poder Superior a mí mismo y creció en mí la esperanza de eliminar la obsesión por beber.

Una vez entrado en el proceso de recuperación sugerido por AA en los Doce Pasos, Doce Tradiciones y Doce Conceptos de Servicio, me di a la tarea de llevar estos principios a mi hogar, donde más daño había hecho. Muy resumidos serían:

1–Respeto, una línea invisible que existe entre mi familia y mi persona. Debía respetar su manera de actuar y su manera de pensar. Su manera de ver y vivir la vida.

2-Autonomía, entendiendo que cada uno de mis familiares, mi esposa y mis hijos, fueron creados por Dios con su libre albedrío, libertad para pensar y actuar como a ellos les pareciera. No podía imponerles a ellos cosas que yo no podía cumplir. Perfección para mí, tal vez, pero no para ellos.

3-Unión, tratando de mantenerme unido con mi familia en todas las actividades de la vida, compartiendo con ellos en todos los momentos, aquéllos buenos y aquéllos malos que Dios me da.

4-Progreso, lo material detrás de lo espiritual. Lo primero: compartir mi progreso espiritual y material con mis seres queridos. Darles mucho de lo que Dios me da por mantenerme sobrio.

5-Responsabilidad con mi familia, cuidándola pensando que se trata de los míos, demostrándoles con mis actitudes lo que siento y pienso de ellos. Luchando por su bienestar y progreso. Sosteniéndola, anteponiéndolos a ellos en todo antes que a mí, en las necesidades e intereses del diario vivir.

Pero, sobre todo, disfrutando a mi familia. Compartiendo con ellos diversiones y paseos. Practicando junto a ellos momentos de oración y meditación. Tratando, siempre junto a ellos, de poner nuestra vida al cuidado de un Poder Superior. Gracias a Alcohólicos Anónimos por permitirme, a través de los principios espirituales que me sugiere practicar, poder hablar de mi familia después de mi recuperación personal. Con ellos he recobrado a mi familia y el deseo de vivir una vida útil a Dios y a mis semejantes.

Oscar P.

Las Galletitas de Santa

LA ILUSIÓN DE UNA NAVIDAD PERFECTA SE CONVIERTE EN UNA PESADILLA, PERO TAMBIÉN EN ESE MOMENTO DE CLARIDAD QUE ELLA NECESITABA

La Nochebuena del 2016 es un día que nunca voy a olvidar. Mi madre había venido de visita desde Uruguay, mi país natal, y se suponía que iba a ser una Navidad perfecta.

Llevaba quince días sin beber porque quería que mi madre se sintiera cómoda, contenta y orgullosa de mí.

Todo iba a ser PERFECTO: mis hijos en casa, mi madre y yo. Un bello árbol de Navidad y la casa completamente decorada para la ocasión.

El 24 de diciembre por la tarde comencé a preparar la cena de Nochebuena y mis niños chicos me dijeron: “Mami, nos faltan las galletitas para Santa, hay que ir a comprarlas”. Pensando en ser una buena madre, quería que todos estuvieran felices; entonces salí con el propósito de ir a comprar las galletitas de Santa, dejando la comida a medio preparar.

En el camino hacia el supermercado empecé a pensar en la idea de que sería lindo brindar, después de todo era Navidad. Llego al supermercado y las líneas de espera eran enormes. Mi ansiedad iba aumentando, por lo que decidí irme sin las galletitas de Santa, decidida a que cuando llegara a la casa las iba a preparar con mis hijos. Nada mejor que galletas caseras. ¡Gran idea!

En el camino de vuelta a casa había una licorería y se me ocurrió que sería una buena idea detenerme y comprar una botella de whisky. Mi obsesión mental ya en ese momento era muy grande y no la podía controlar. Aparte, después de todo lo merecía, era Navidad, y había estado sin beber por dos semanas.

Nada iba a ocurrir esta vez. Todo iba a ser diferente. Solo

tenía que confiar en mí y todo iba a salir bien.

Llegué a mi casa con la botella, la escondí debajo del lavabo y proseguí a seguir cocinando. Lo próximo que me acuerdo es que eran las seis de la mañana del 25 de diciembre y yo me encontraba acostada en el sofá de la sala.

No entendía qué había pasado y por qué estaba ahí. Corrí hacia la cocina. Vi que nunca terminé de preparar la cena, y las galletitas de Santa nunca se prepararon.

¡Qué horror! Había vuelto a suceder, una vez más. La tristeza y el dolor me agobiaban. No lograba entender POR QUÉ. La perfecta Navidad se había convertido en otra desilusión y otra historia de horror.

Nadie pudo cenar o festejar la Nochebuena. La botella de whisky estaba vacía, todavía escondida debajo del lavabo. No podía parar de llorar, el dolor era muy grande. Solo quería morirme.

Mi hijo mayor de quince años en esa época se despertó y solo había desprecio en su rostro, rabia y dolor en sus ojos. Ni siquiera pude sostener la mirada. Mi madre en el cuarto llorando y mis niños chiquitos tristes y con hambre. Y sin haber podido dejarle las galletitas a Santa.

Dos meses después de este suceso fui a mi primera reunión en Alcohólicos Anónimos y mi vida cambió por completo. Empecé a trabajar los Doce Pasos inmediatamente con mi madrina, lo cual me llevó a entender que el problema era yo y no el alcohol; y mi sobriedad emocional fue creciendo.

En la Navidad del año 2020 fui a Uruguay a pasar la Navidad con mi madre y mi familia. Logré terminar de preparar la cena de Nochebuena. Bailamos, comimos y conversamos hasta la madrugada. Se sentía la felicidad y se veían las sonrisas en cada uno de nosotros. No hubo miradas de desprecio, ni lágrimas en los ojos de nadie, solo alegría y felicidad.

Todo esto no hubiera sido posible sin AA, que me ayudó a comprender lo que es la enfermedad del alcoholismo, las causas y consecuencias.

Entendí que el alcoholismo consta de tres partes: enfermedad espiritual, obsesión mental y la alergia del cuerpo, y por eso es que esa Nochebuena del 2016 no pude parar de tomar como tantas otras veces. Fue muy liberador entender todo esto porque ahora sabía que había una solución para mi problema y que no estaba loca como llegué a pensarlo por muchos años, sino que sufría de una enfermedad crónica.

Cada Navidad, desde mi sobriedad, la celebramos con alegría y la compartimos juntos con mis hijos. Mi hijo mayor ya no me mira con desprecio o se va corriendo de la casa para buscar refugio y amor en otras partes. Está presente cada Navidad, ansioso esperando las doce (medianoche) para abrir los regalos todos juntos y sacarnos la foto familiar de Navidad. Por años él se negó a sacarse una foto conmigo.

AA no solo me devolvió a mí misma, quien era la que estaba perdida y vacía en todos los sentidos, sino que también me devolvió a mis hijos y la confianza que ellos ya habían perdido hacia mí. Todo esto simplemente mostrando, con mi ejemplo diario, la mamá que AA me enseñó a ser.

Debora S. | Atlanta, Georgia

JULIO / AGOSTO 2015

La luz blanca

SU EXPERIENCIA ESPIRITUAL LE LLEGÓ A MEDIANOCHE

Cuando yo llegué al grupo La Paz, en Phoenix, Arizona, no llegué de muy buena gana. Entré a la agrupación buscando reunir firmas para la corte.

Yo había caído en la cárcel y me fue un poco difícil poner atención a los compañeros, pero conforme fue pasando el tiempo, escuché el compartir de los compañeros. No sé qué pasó en mí porque hablaban de la aceptación, de la humildad, del perdón, de los sentimientos de culpa y de muchos, muchos temas más. Muchos hablaban con dureza de cómo tenía que ser un alcohólico anónimo y otros hablaban en un tono muy espiritual y esto último me agradó más.

Este proceso fue muy, pero muy bonito porque cuando yo era pequeño veía cómo mi papá ofendía y maltrataba a mi mamá y yo crecí con el deseo de que cuando fuese adulto le daría unos golpes a mi papá.

Y así fue que un domingo en la mañana llegué borracho a la casa y encontré a mi papá también bajo los efectos del alcohol. Cuando oí que le hablaba a mi madre de manera fuerte, primero pensé que estaba bromeando. Al darme cuenta de que lo hacía en serio, la rabia se apoderó de mí y traté de golpearlo. Mi mamá se puso en medio y me sacó al patio. Ya estando afuera y queriendo alcanzar a mi padre, rompí la ventana de un golpe. Afortunadamente, nada sucedió.

Una vez que logré dejar de beber, este recuerdo me llenaba de culpa. Mi papá ya se había unido a un grupo de Alcohólicos Anónimos y había cambiado.

Entonces pude poner en práctica la reparación de daños. Mi padrino me hizo la sugerencia de que, para sentirme libre, debería pedirle perdón a mi padre.

Con motivo de la celebración de mi aniversario en AA, mis padres vinieron a visitarme a Arizona. Me acerqué a mi padre y, sin poder dejar de llorar, le pedí que me perdonara. Él puso su mano en mi cabeza y me dijo: "Tranquilo, lo pasado, pasado está". Yo nunca había sentido nada igual. En esos días me sentía en "una nube rosa".

En una de esas tantas noches, después de la reunión de mi grupo, salí hacia mi casa sintiéndome bien espiritualmente. Me acosté como a la medianoche y me quedé dormido. Cerca de las dos o tres de la madrugada abrí un ojo y ví una luz blanca que iluminaba mi cuarto.

Pensé que me estaba pasando algo similar a lo que le sucedió al señor Bill W. De repente escuché pasos y luego escuché una voz que salía detrás de la luz gritando: "¡Policía de Phoenix, deténgase!". Efectivamente, eran los policías de la ciudad de Phoenix buscando un malandrín.

Han pasado ya varios años desde que esto ocurrió, pero no lo puedo olvidar, porque me pareció muy bonito. Ahora milito en el grupo Si tú quieres, en Arizona.

En marzo del año 2012 mi papá falleció atropellado por un auto. Mi papá pudo ser un borracho activo por mucho tiempo, pero cuando entró a Alcohólicos Anónimos él cambió. Hoy en día yo no cambiaría a mi papá por otro porque para mí él fue el mejor.

Eduardo O. | Phoenix, Arizona

MAYO / JUNIO 2024

Con dignidad

YA NO TENÍA QUE CONVENCER A NADIE, SUS ACCIONES HABLABAN MÁS QUE SUS PALABRAS

Mi nombre es Doris y soy una alcohólica. Eso de ser una "alcohólica" no es algo de lo cual mi familia sienta orgullo. Para ellos todavía es una palabra cargada de vergüenza y prefieren no tocar ese tema.

Mi familia me pregunta: "¿Por qué vas con esa gente si ya ni siquiera tomas?". También me dicen: "Fulanita ya no se emborracha como antes y ella nunca tuvo que ir a AA".

Yo continúo en AA porque cada vez que ya me sentía recuperada volvía a beber, y cada vez era peor.

Mi fecha de sobriedad es el primero de noviembre de 2011, pero yo llegué por primera vez a AA en febrero de 2008. En esos más de tres años yo entré y salí de Alcohólicos Anónimos, precisamente porque mi familia no estaba de acuerdo que fuera a las juntas.

Para mí, fue la excusa perfecta para no ir más. Yo ya sabía que tenía un problema con mi manera de tomar porque mi familia siempre me lo decía, y cada vez me tenía que esconder más de ellos.

Cuando iba a las juntas, los compañeros no me juzgaban como lo hacía mi familia. Todo lo contrario, me regalaban su experiencia, fortaleza y esperanza. Pero el marido se enojaba cada vez que iba, decía que mi deber como madre era asegurarme de que los niños estén bien cuidados. Era mala madre cuando tomaba y mala madre porque me iba a la junta.

¿Acaso no puedo ser una madre normal y cuidar a los niños sin echarme mis tragos? Juro que lo intenté con todas mis fuerzas. Pensé que no necesitaba juntas porque ya tenía varios libros de AA. Además el internet tenía varios recursos que me podrían ayudar; pero para una alcohólica de mi tipo, que bebía tequila todos los días para poder funcionar, no era suficiente.

Recuerdo la primera vez que les dije a mis padres que estaba asistiendo a AA. Les expliqué que había encontrado un grupo donde me habían ayudado a dejar de beber y que en unas semanas iban a celebrar mi primer aniversario. Les dije que normalmente se invita a la familia, y ellos podrían subir a decir unas palabras.

¡Oh cielos! Mi mamá se enojó tanto conmigo. Dijo que era una vergüenza tener a una hija que asistiera a Alcohólicos Anónimos y otras cosas horribles. Me pidió que dejara esas juntas y que mejor me fuera a la iglesia, porque eso sí era respetable.

Finalmente, sí asistieron a mi aniversario. Jamás olvidaré las palabras que dijo mi papito hermoso: "Solo les digo una cosa, muchas gracias que me regresaron a mi Dorita".

Esas palabras las llevo en el corazón hasta la fecha. A pesar de lo difícil que fue para mí asistir a mis juntas, citarme con la madrina, esconder la literatura del marido porque él no quería ver nada relacionado con AA, no compartir mis experiencias de AA con mi mamá porque ella no quería escucharlo, tener que encontrar a alguien que cuide a mis hijos porque no contaba con apoyo para asistir a los eventos, y muchas cosas más.

¡Estoy viva y estoy sobria! Continúo en AA practicando mi recuperación, la unidad y el servicio, porque es lo único que me funcionó para mantenerme sin beber, un día a la vez.

A mi familia no le gusta el hecho que AA es mi estilo de vida, pero están agradecidos de que ahora soy una mejor madre, hija, hermana y mujer. Todo esto solo por la gracia de Dios.

Doris N. | San Diego, California

NOVIEMBRE / DICIEMBRE 2011

Descubriendo la felicidad

CULPABA A LA VIDA; HOY DISFRUTA DE UNA NUEVA OPORTUNIDAD PARA SER FELIZ

Antes de llegar a AA pasé mucho tiempo preguntándome por qué la vida había sido injusta conmigo, si yo solo trataba de divertirme y llevar la fiesta en paz, por qué seguía bebiendo si había sido capaz de dejar de fumar. Mi familia no entendía por qué me gustaba el color rojo si el color blanco es muy bello.

Llegué con las manos vacías, había perdido mi trabajo de 21 años, pero la historia ya estaba escrita, el beber solo había dejado sinsabores. Me costaba creer que existían personas que estaban sobrias y disfrutaban de la vida sin beber.

Fue una gran experiencia haber cumplido los 90 días sin beber, dedicado a atender diariamente a las reuniones en mi grupo base. Así llegó la celebración de un año más porque allí las puertas estaban abiertas para una persona que bebe y que no cree que tiene problemas con la bebida, como yo.

Participé en ese evento como maestro de ceremonia y todos los presentes me hicieron sentir como parte de una grandiosa familia, la familia de Alcohólicos Anónimos.

Volví a estar tranquilo en casa, conseguí trabajo, me sentí libre. Al salir a visitar a otros grupos experimenté una integración total, pude compartir aniversarios y entender que esta nueva familia vive y disfruta la vida sin beber; yo también quería vivir y disfrutar la vida de nuevo.

Entonces tomé la decisión de no beber y esa decisión me hizo un hombre libre de verdad. Pasaron los días, por no decir que pasaron cinco años, porque entendí que solo por hoy no se bebe. Lo único que no pudo quitarme el guaro (el alcohol) fue la convicción de que existe un Poder Superior, que rigió la vida de mis abuelos y la de mis propios padres, y que ahora me da la certeza de que yo puedo salir adelante gracias a mis acciones y a una forma de vivir acorde a una conducta moral que para muchos puede ser incomprensible, pero para otros es muy posible de aceptar.

En mis reflexiones diarias o meditaciones con mi Poder Superior solo daba las gracias a su bondad y misericordia por darme una oportunidad de vivir de nuevo, de compartir con una nueva familia, la familia de AA. Pero desde lo más profundo de mi corazón, le pedía una persona para compartir mis penas y mis alegrías, mis triunfos y mis fracasos, mis altas y bajas, mis sonrisas y mis lágrimas. Quiero enfatizar que no le puse color de ojos, ni raza, ni credo, ni estatura ni dinero, solo que estuviera a mi lado para quererla como no lo había hecho jamás, cuidar de ella como la joya más preciosa, porque venía de un Poder Superior.

Hoy soy un hombre felizmente casado, hogareño, suplidor y responsable de un hogar. Quiero decirle al mundo que ella es mi quinta esposa, que usted que lee estas líneas hoy en día, tenga la absoluta seguridad de que el alcohol hace demasiado daño; y que no hay razón para entregarle nuestra vida, no es necesario vivir la vida bebiendo.

Hoy comparto mi sobriedad con mi esposa y con la Comunidad de Alcohólicos Anónimos que fue testigo de mi soledad por muchos años y de los cambios que hubo en mi persona.

Ya no pienso en lo que tenía, pienso en lo que puedo tener y lo que puedo lograr, y que sea de acuerdo a la voluntad de un Poder Superior.

Diego D. | Cliffside Park, New Jersey

JULIO / AGOSTO 2017

Una madre y un hijo

EL ALCOHOL SE CRUZÓ EN SUS VIDAS, PERO CON MENTE ABIERTA VUELVEN A SONREÍR

Mi nombre es Juan Manuel, y soy un AA. Vengo de unos padres alcohólicos que llegaron a los delirium tremens imaginando que las cucarachas, arañas, víboras y gusanos se los estaban devorando.

Cuando yo tenía dieciséis años enterré a mi padre, quien, a causa del alcohol, murió y quedó tirado en la carretera. Mi madre continuó por el mismo camino y cuando la atacaban las crudas o resacas, yo, sin saber que un trago podía ser su salvación para calmar los nervios, le botaba el alcohol. Yo también sufría al verla temblar por la resaca. Pero solo quería que ya no bebiera, porque cuando empezaba a beber ya no podía parar por las crudas.

Dos años más tarde, yo también me uní a la enfermedad del alcoholismo. Yo, que al ver a mis padres en esos estados de embriaguez decía que jamás tomaría, no comprendo cómo sucedió.

Rápidamente, después de tener mi primer contacto con el alcohol, ya estaba durmiendo en una banqueta, tirado en la vía pública. Un amigo me pasó el mensaje, le dije que eso era para viejitos, que yo no le pedía dinero a nadie para tomar y seguí bebiendo. Un año más tarde, sin querer, estaba escuchando mi primera reunión de AA.

El que sería mi padrino me la vendió fácil, me dijo: "Pásale, si no te gusta te sales". Solo necesité una mente abierta. Mientras pasaban los compañeros a la tribuna, me identificaba con ellos diciendo en mi mente: "Sí, así bebo yo; sí, así me gasto el dinero, así maltrato a mi esposa". Volví muchas veces a la reunión y cuando compartí acerca de mi sufrimiento, de haber estado al borde del suicidio por los problemas mentales y emocionales, mi padrino me invitó a hacer un inventario y admitir mis faltas ante Dios, y ante otro ser humano. Ahí, durante ese trabajo fue que concebí mi idea de Dios y esa fue la base para edificar una vida nueva.

Para vivir feliz, una parte de uno tiene que morir. Mi mamá vio que yo había dejado de beber y le dije que viniera conmigo, ya que yo pensaba irme para los Estados Unidos y pensaba que si tan solo ella hiciera este trabajo dejaría de beber.

Con esa fe y con esa certeza, eso estaba funcionando para mí, pero ella se negaba. Un buen día le dije que ya la había apuntado y que, si ella no venía al grupo, me quitarían mi servicio. Yo era el cafetero, pero desde luego solo era una mentira piadosa; nadie me iba a quitar mi servicio.

Mi madre aceptó, pues ella siempre hizo todo por sus hijos, solo que el alcohol se cruzó en nuestras vidas. Finalmente ese inventario también la sacó a ella del alcoholismo. Mi madre concibió un Dios a su manera y, desde entonces, no hemos vuelto a beber.

Alcohólicos Anónimos salvó nuestras vidas. ¡Ánimo! "Entrégate de lleno, sé valiente desde el mismísimo comienzo".

Juan Manuel S. | Colorines, México

JULIO / AGOSTO 2012

Instinto maternal

ALCOHOLISMO Y RECUPERACIÓN PASAN DE MADRE A HIJA

Desde niña conocí el alcohol, ya que vengo de una familia donde todos eran alcohólicos.

Se reunían en casa de mi mamá, hacían fiestas continuamente y siempre terminaban muy bebidos y en algunas ocasiones se agarraban a golpes.

Recuerdo que cuando mi madre tomaba le daba por cantar, por cierto que cantaba lindo, pero seguía tomando y luego lloraba mientras yo la miraba atemorizada. Al otro día ella amanecía con una cruda inmensa, se ponía de muy mal humor y gritaba. Yo tenía como siete u ocho años y le tenía mucho miedo.

Deseaba tanto que me abrazara y que me dijera que me quería, pero eso nunca ocurrió. Mi madre se me acercaba solo cuando me daba golpes.

Imaginaba que cuando tuviese mis propios hijos yo los abrazaría diciéndoles que los amaba.

Eran buenos pensamientos, pero cuando los hijos llegaron a mi vida, yo ya era una alcohólica y no podía parar de beber. Les di una vida de miseria, bebía delante de ellos y los maltrataba física y emocionalmente, no los respetaba. Los arrastré conmigo, fui peor que mi madre. En una ocasión mis "amigos" me invitaron a tomar les dije que primero acostaría a los niños, y así lo hice, llegué a mi cuarto, un cuarto que mi mamá me prestaba, y cuando se quedaron dormidos me fui con mis amigos.

Al hacer contacto con el alcohol, se me olvidó que mis hijos estaban solos. Cuando me di cuenta, ya eran las cuatro de la mañana y estaba muy tomada. Llegué y me encontré con la puerta ya cerrada; agarré un cuchillo y la abrí. Ahí estaba mi mamá sentada en el sillón, con mi niño de un año en brazos. No me regañó como otras veces, pero las lágrimas rodaban por su rostro cuando dejó al niño y se fue.

Ni las lágrimas de mi mamá, ni las de mis hijos me habían impedido seguir bebiendo. Yo ya tenía muchos años con los sentimientos congelados, pero ese día fue diferente, me sentí muy mal y empecé a llorar como una niña, empecé a gritarle a Dios que, si de verdad existía, me ayudara, yo ya no podía sola.

Dios escuchó mis oraciones y las oraciones de mi mamá porque ella nunca perdió la fe, un día mi mamá me invitó a una junta de AA, era un aniversario, ella ya tenía cinco años en Alcohólicos Anónimos y yo no lo sabía, acepté ir con ella.

Al llegar a la reunión mi madre me ubicó en un asiento enfrente de todos. Yo quería salir corriendo, me sentía muy nerviosa y al escuchar a las personas que subieron a la tribuna para darme información, quise levantarme pero ella me puso su mano en mi hombro y me quedé.

Subió una muchacha que compartió sus experiencias bebiendo y eran iguales a las mías, por un momento pensé que mi mamá les había contado algo de mí.

Pero me di cuenta de que ya no estaba sola y después de ese día seguí asistiendo acompañada siempre de mi mamá.

Ahora me dice lo mucho que me quiere y cuán orgullosa se siente de mí. Incluso me pidió perdón por no haber sido una buena madre. Gracias a Alcohólicos Anónimos pude perdonarme y perdonar a mi mamá, ya que estaba muy resentida con ella. Ahora quiero mucho a mi familia y a mis hijos los amo. Cómo no voy a estar agradecida con los AA si hoy soy feliz con mi nueva vida.

Tereza | Stockton, California

Quise cambiar

CON SU TESTIMONIO DESEA INVITAR A OTROS ALCOHÓLICOS A DARSE UNA OPORTUNIDAD

Buenas tardes amigos, quiero compartir mi testimonio de vida con ustedes, me llamo Randall y vivo en Costa Rica. Soy alcohólico anónimo gracias a mi Poder Superior. Recuerdo, como si fuera ayer, que yo era un muchacho muy centrado en mis cosas, vivía con mi madre y mis dos hermanas. Era estudiante de un rendimiento de término medio pero no pude concluir mis estudios porque tuve que trabajar desde muy joven para ayudar a mi mamá, puesto que mi padre falleció cuando yo era pequeño.

Trabajaba muy duro para que mis hermanas estudiaran y ayudaba a mi madre con los gastos. Todo iba muy bien hasta la edad de diecisiete años, cuado empecé a probar mis primeras cervezas. Como cualquier joven disfruté de esos momentos mágicos y de diversión. Pero recuerdo que en esas primeras actividades ya se presentía que los problemas iban a estar en mi vida.

Mi madre empezó a notar mi consumo constante de cervezas y me advertía: “Hijo mío, tienes que tener mucho cuidado con eso, recuerda lo que me pasó a mí”. Mi madre en su juventud tomaba mucho y sufrió serios problemas con la bebida, hasta el punto de destruir su vida.

Al cumplir dieciocho años me hice de una novia, quien hoy es mi esposa. Ella no sabía la cruz que se iba a poner en su espalda. Durante el primer tiempo juntos todo fue muy bonito hasta que tomé la decisión de pedirle que se casara conmigo y ella, muy feliz y enamorada, aceptó.

Mis amigos me hicieron una despedida de soltero y ahí fue donde perdí el control: bebí hasta caer inconsciente al suelo. Al día siguiente fue la boda y yo, por la borrachera del día anterior, con una cruda terrible.

Una vez casado y fuera de la casa de mi madre, me sentí libre de hacer lo que yo quería. Comencé a beber primero los fines de semana, a la salida del trabajo, mi esposa notaba cambios en mi actitud, sobre todo en mi manera de tratarla. La vida en común se convirtió en un infierno: bebía todos los días, ya no importaba lo que me decían. Me despidieron del trabajo y quedé a la deriva. Seguí bebiendo y maltratando a mis seres queridos.

Hasta que un día mi madre me hizo una visita y me dijo: "Hijo, ¿qué está pasando? No puedo creer cómo estás de mal". Entonces me ofreció que, si yo quería, me llevaba a los Alcohólicos Anónimos. Eso ocurrió en el año 1990, fui a visitar a los AA y, la verdad les digo, no me gustó.

Esa noche mi esposa estaba conmigo. Los compañeros del grupo me dijeron cosas que me asustaron, pero no le di importancia porque yo tenía veinte años, era muy joven. Los del grupo me dijeron: "Vea, Randall, hoy tenés esposa y si sigues tomando, vas a perderla a ella y a toda tu familia". También me dijeron que aunque no hayas usado drogas, llegará el momento y las usarás. ¡Qué palabras más sabias las de aquellos hombres! Pero les cuento que no me quedé en Alcohólicos Anónimos.

Pasó un corto tiempo y yo continué bebiendo, mi esposa, con lágrimas en sus ojos, me dijo: "Randall, por favor, recoja sus cosas y lárguese no quiero que viva más conmigo". Tuve que dejar el hogar. Mi madre me recibió en su casa, pero eso fue tremendo error, yo seguí bebiendo ya sin control; mi madre no sabía la clase de monstruo en que me había convertido.

Hasta que un día, sentado en el parque de mi comunidad, un amigo de bebetoria me ofreció probar otras sustancias. ¿Saben, amigos? Ahí, en ese momento, mi vida se perdió. Ya no era solamente alcohol, ahora también crack y cocaína, tremendo combo de destrucción para un hombre.

Mi madre me sacó de su casa porque todo se lo robaba:

dinero, electrodomésticos, etc. Terminé caminando por las calles sin rumbo, como un indigente, perdido. Dormía en donde me diera la noche. Mi lugar favorito para pasar la noche era un cementerio que quedaba cerca de la casa de mi madre.

Me acuerdo como si fuera ayer, que el diecinueve de diciembre del año 1998 me encontraba en un lugar, en la capital de mi país y, por esas cosas del destino, no sé de dónde apareció mi madre. Me andaba buscando: "Gracias a Dios que te encuentro", me dijo. El estado en que ella me vio no fue el de aquel joven de veinte años, ya habían pasado ocho y el tiempo me había marcado.

Mamá me llevó a su casa ese día y me bañó. Yo tenía como cuatro meses de no bañarme, me cortó el cabello y cuando salí del baño me puso un espejo enfrente y me dijo: "Mírate, Randall", y lo que yo vi en ese espejo no me gustó. Esa noche lloré como nunca lo había hecho antes. Luego de la cena, traté de dormir y no pude. Al día siguiente mi madre me internó en un centro para alcohólicos, "Para que pienses, hijo, qué vas a hacer de tu vida". Así comencé mi tratamiento para poder volver a la vida real. Esos fueron los diecisiete días más largos de mi vida; no quería estar ahí en ese lugar. Una noche desperté de madrugada y llorando de desesperación y un señor que administraba el centro me preguntó si quería hablar, le dije que yo quería cambiar. El hombre me contestó: "No me lo digas a mí, díselo a Dios". Y eso hice: le pedí a Dios que, si era cierto que existía, que me ayudara a cambiar. En ese momento volví a llorar y sentí un escalofrío en mi cuerpo, me quedé dormido y cuando desperté vi la vida de otra manera: quería vivir.

Mi madre llegó a visitarme acompañada de mi hijo mayor, que en ese entonces estaba pequeño, y cuando los vi me dije: "Qué desgraciado he sido, haciendo sufrir a las personas que me aman". Los abracé y por primera vez no prometí nada. Salí del centro en enero del año siguiente y ese mismo día asistí a un grupo de AA en mi comunidad. Les dije: "Soy alcohólico, necesito ayuda".

Inicié mi difícil proceso. Vivía con mi madre e iba al grupo todos los días, poco a poco me fui dando cuenta de que mi vida estaba cambiando porque yo quería que cambiara. Una vez, a los cuatro meses de haber dejado de beber, me entraron unas ganas enormes de drogarme y beber y de volver a la actividad, pero me acordé de mi estadía en el centro, de todo lo que había vivido en la calle. Me fui al grupo y les dije a mis compañeros que quería beber y ellos ahí me dieron la ayuda que necesitaba.

Me tocó cambiar de amistades, dejar de asistir a esos lugares que yo iba antes. Encontré una familia entre los Alcohólicos Anónimos. Al cumplir mi primer año de no beber estaba tan feliz, que me parecía mentira. ¿Yo con un año de no tomar? No podía creerlo, pero era verdad.

Con el tiempo y la ayuda de mis compañeros y el apoyo de mi familia, volví a mi hogar. Estoy muy feliz y agradecido con todos.

Quiero dejar estas líneas de mi vida para que alguna persona quiera leerlas. A esa persona, yo la invito a que se dé la oportunidad de que sí se puede, cuando uno quiere.

Randall V. A. | San José, California

SEPTIEMBRE / OCTUBRE 2014

La familia, después

EL DIVORCIO LE PERMITE REFLEXIONAR ACERCA DE SU VIDA PASADA Y PRESENTE

Hola compañeros y familias en AA, soy alcohólico anónimo. Gracias a Dios que estoy vivo, recibiendo el mensaje de amor de los AA en el evento del aniversario de La Viña. Soy un alcohólico muy testarudo que he experimentado en carne propia el alto costo de la desobediencia a los principios espirituales.

Anoche, en la reunión, escuché a una compañera compartir sobre cómo nos ve la familia después de recuperarnos y cómo queremos que nos vean. Pude reflexionar acerca de mi matrimonio, sobre cómo, desde un principio, estuvo construido sobre mentiras y engaño. Hubo mucho egoísmo de mi parte y una conducta que quebró todas las normas morales y espirituales. Mi familia acumuló un gran resentimiento, mucha vergüenza y dolor.

Después de trabajar mi programa de AA y hacer mis debidas reparaciones, pedir perdón y ser perdonado, yo quise que me aceptaran y comprobé que el daño estaba hecho y que, hasta que Dios te ayude con amor a liberar y perdonarte a ti mismo, no te liberarás de la culpa.

Bill W. lo relata en el Octavo Capítulo donde escribe acerca de las esposas. En mi caso personal, por mucho que he cambiado y reparado, mi familia sigue viviendo con los traumas que mi actividad alcohólica les dejó. Acabo de firmar el divorcio legal con la mujer más bella que Dios me puso en mi camino, ella me convirtió en padre dándome cuatro hermosos hijos y, por el momento, tan solo puedo amarlos y respetarlos. Ella es una gran mujer que merece vivir en paz.

Gracias por llegar a mi vida. Hoy sé que mi servicio es este. Yo soy alcohólico y, como alcohólico, mi experiencia de fondo y amargura, puedo compartirla con otros y ayudar para que tengan la oportunidad y se ahorren el sufrimiento.

En AA se te revelarán las maneras para ayudar a otros. Cuida que tu casa esté en orden, que tu relación con Dios ande bien, y grandes cosas te pueden suceder.

Dios bendiga las experiencias honestas de los Alcohólicos Anónimos y nuestro mensaje de vida y libertad.

Crispín P. | San José, California

SEPTIEMBRE / OCTUBRE 2023

Un momento de claridad

CANSADA Y ENFERMA DE ESTAR CANSADA Y ENFERMA

Mi nombre es Johana. Me gustaría compartir cómo fue que mi familia reaccionó con mi sobriedad, ya que fue algo difícil de lidiar, con una persona como yo que no sabía cómo pedir ayuda. Cómo decirles que tenía un gran problema que se llama alcoholismo.

Comparto esto porque una de las personas a la que siento que más hice daño emocionalmente es mi papá. No me daba cuenta cómo él se preocupaba. Recuerdo cómo su cara se le veía acabada, sus ojos tristes de ver cómo me estaba destruyendo con las sustancias.

Había días que no regresaba a la casa, y él me buscaba y me decía que cuándo me podía ver. Además, cuando me miraba me preguntaba qué me pasaba, pero tenía mucha vergüenza y no sabía cómo decirle que necesitaba ayuda.

Después de estar en un proceso de tres meses en un centro, cuando por fin pude verlo a él y a mi hermano menor, sentía yo muchos nervios y ansiedad. Recuerdo ir en el carro pensando y practicando en mi mente cómo iba a hacer mis reparaciones del daño que había causado. Recuerdo ver a mi hermanito, que se me quedó mirando por un momento, porque yo traía un pantalón y un suéter flojo. Le dije "ya se me ve más gordita", y él me respondió "no, nada de eso, te ves bien". Lo abracé y le pregunté por mi papá.

Luego, corrí y abracé a mi papá. Ahí fue que los agarré de las manos y les pedí perdón por no haber podido ser una buena hija y hermana. Ellos dijeron que no tenían nada que perdonarme, y mi hermano solo dijo que se sentía orgulloso porque pude tomar ese paso de poder cambiar mi vida. Solo tenía diecinueve años cuando llegué a la Comunidad de

AA. Su reacción con los años era aun más sorprendente porque podía ver cómo estaban más tranquilos, en especial mi mamá, que estaba en México.

Gracias a mi madrina y a mis compañeros de mi grupo por sus experiencias de cada día he seguido adelante.

Johana H. | San José, California

CAPÍTULO 3

EN LAS PRISIONES

Para muchos, la prisión representa el fin del camino, un destino marcado por angustia y soledad. Sin embargo, para algunos alcohólicos, este encierro físico se ha convertido en el inicio de una libertad mucho más profunda. A través de sus relatos, estos individuos nos muestran cómo, aun tras las rejas, el programa de Alcohólicos Anónimos les permitió romper las cadenas del alcoholismo y encontrar un propósito, una nueva vida de paz, esperanza y conexión espiritual. Juan Ricardo, en "Detrás de los muros", comparte cómo el servicio y la gratitud lo llevó de regreso a las prisiones: "Puedo mostrarles que sí hay una mejor manera de vivir sin alcohol y sin drogas, sin importar su pasado. Si yo puedo estar sobrio, ellos también pueden lograrlo". Del mismo modo, Nelson T., en "Mi antídoto", nos recuerda que, aun en el encierro, la recuperación es posible: "Les escribo desde la prisión, un lugar oscuro a donde me trajo mi enfermedad, y desde aquí el hecho de compartir con ustedes las vivencias de mi vida es un antídoto que me da hoy las fuerzas suficientes".

Este capítulo está dedicado a aquellos que, desde la soledad de una celda, encontraron en AA un faro de esperanza. También a aquellos que regresan para llevar el mensaje, pues solo quien ha vivido la desesperación del encierro puede tender la mano con verdadera comprensión.

JULIO / AGOSTO 2023

La cárcel de mi mente

LIBERADA DE TODO LO QUE LE HACE DAÑO, COMIENZA A VER LOS COLORES DE LA VIDA

Yo soy Karla y soy alcohólica. El día de hoy me siento orgullosa de mí misma. Mi recorrido dentro de Alcohólicos Anónimos ha sido un proceso y ha sido único, porque en AA todos tenemos la misma oportunidad de conocernos a nosotros mismos, si queremos. El mío ha sido lento porque soy una persona conflictiva por naturaleza. Soy soberbia y egoísta y me ha costado mucho aprender a quedarme callada.

Me ha costado mucho poner en práctica las sugerencias que los AA me han dado. Me ha costado mucho aceptar quién soy en realidad. Me ha costado ser honesta conmigo misma, pero gracias a los AA, el día de hoy yo sé quién soy y me siento cómoda con eso. Sola nunca pudiera haber logrado nada de esto; todo ha sido con la ayuda de otros alcohólicos. Nuestro programa es simple para mentes difíciles. Pero, para poder vivir una vida útil y feliz, tienes que poner en práctica nuestros Pasos, no solo de la boca para afuera, sino de verdad empezar a escarbar en tu interior. Esto se logra con la ayuda de otra alcohólica o alcohólico, pero es de vital importancia hacer los Pasos para poder liberarte de todo lo que te hace daño: la envidia, los resentimientos, la conmiseración, las identidades y cualquier cosa que te cause un sentimiento desagradable.

Yo, como alcohólica, siempre estaba en lo correcto. Pero me vine a dar cuenta de que he vivido equivocada toda la vida, siempre buscando culpables, pero nunca aceptando mi parte en AA. He tenido que aceptar que soy defectuosa y no he sabido vivir. Los Pasos me han dado una aceptación y libertad que jamás me imaginé que pudiera obtener.

Yo me tuve que ir liberando de muchas cosas que me hacían daño. No ha sido fácil. He tenido que confiar en personas desconocidas. He tenido que aceptar que cometo errores y no soy perfecta; jamás voy a ser perfecta. Lo único que puedo hacer es mejorar y cambiar mi actitud, porque si yo no me acepto, jamás me aceptarán los demás.

Hoy en día no ando buscando que todos me acepten. Además, con mis defectos de carácter también he logrado darme cuenta de que no soy mala. Yo puedo decidir quién quiero ser, y si decido ser una persona buena, puedo lograrlo.

Pasé muchos años de mi vida dentro de las cárceles, pero la peor prisión que he conocido ha sido la cárcel que está en mi mente. Los Pasos me han ido liberando y me regresaron la fe. Cuando tengo malos días es porque no estoy poniendo en práctica lo que se me ha enseñado.

Karla Y. | Mission Hills, California

JULIO / AGOSTO 2024

Detrás de los muros

UN ALCOHÓLICO QUE EN PRISIÓN ENCUENTRA LA LIBERTAD DEL ESPÍRITU, NOS ESCRIBE NUEVAMENTE CON OTRA GRAN NOTICIA

Estimados compañeros, les quiero agradecer por el privilegio de compartir mi experiencia a través de la revista La Viña, compartir un poco de lo mucho que me ha dado este maravilloso programa. Les informo que la junta directiva de libertad condicional, "Board of Parole", me ha dado el privilegio de obtener mi libertad. Seré puesto en libertad en mayo del 2023, y me dará mucho gusto seguir compartiendo mi experiencia y poner un granito de arena para que otros vean que sí es posible recuperarse.

Esta es mi historia: soy Ricardo L. y soy alcohólico. Gracias a mi Poder Superior no he bebido; llevo ocho años de feliz sobriedad. Aunque estoy privado de mi libertad, tengo la oportunidad de salir en otros dos años más. Me interesa mucho contribuir con mi experiencia de sobriedad y espero que pueda ayudar a personas jóvenes que aún piensan que AA no es para ellos, como yo lo pensé un día.

Cuando era adolescente todo me parecía fácil. Creía que mi juventud duraría mucho tiempo y no pensaba en mi futuro, pero el alcohol tenía otros planes y me fue ganando la batalla.

Cuando ingresé por primera vez a AA no creí que esa fuera la solución, pues en cada reunión sentía que yo no era parte de eso. Se me hacía difícil creerle a aquellos compañeros que amablemente me decían que si me quedaba con ellos iba a disfrutar de las mieles de AA.

Mi vida había sido muy difícil y mi autoestima estaba por los suelos. Yo no conocía una vida sin alcohol; beber era todo para mí, era mi felicidad y pensaba que solo alcoholizado era feliz. Así que volví al mundo al que pensaba que realmente pertenecía. Sin embargo, después de haber asistido a algunas juntas me di cuenta de que mi vida ya no era la misma, y en mi desesperación y por querer tener un poco de tranquilidad, volví a AA.

Mi regreso fue difícil, pues aún creía que nadie me aceptaría. Por mi mente pasaban muchas cosas negativas, creí que se burlarían de mí. Por sentirme diferente rechacé la ayuda y creí que era lo que merecía por venir de una familia disfuncional y haber sufrido toda clase de abusos. Pero ya no aguantaba el alcohol, ya no era suficiente para calmar ese vacío que sentía. Se me acercó una madrina y me dijo: "No nos importa lo que seas, sabemos que eres uno de los nuestros y queremos que te recuperes y que seas feliz".

Mi primer año fue muy duro, pues me asignaron el servicio de servir café y sentía que me querían tener como su criado. Un día mi padrino me dijo: "Si no cambias esa actitud vas a volver a beber, porque el servicio se hace por amor". Yo no quería volver a beber, pero dentro de mí pensaba: "Yo ya no voy a dejar que abusen de mí".

Poco a poco, en cada reunión empezaba a escuchar algo que iba tocando mi duro corazón. Un día, al estar meditando comprendí que el problema no eran mis compañeros, sino yo mismo. Todos habían atravesado momentos muy duros para mantenerse sin beber.

En una ocasión escuché a un padrino hacer la siguiente pregunta: "¿Por qué es una bendición ser un alcohólico?", y respondió: "porque cuando la sociedad nos mira como personas sin valor, un Ser Superior fue tan misericordioso que puso en el corazón de personas desahuciadas, como nosotros, un programa que nos devolvió la dignidad y la vida que habíamos perdido".

Comencé a llorar porque aquél padrino me hizo despertar, haciendo un puente de comprensión. Enseguida me di cuenta de que lo que busqué por tanto tiempo estaba alrededor mío y que por mi falta de humildad yo no lo veía. Tenía una familia tan grande que me amaba tal y como yo era, pues en cada reunión me recibían con un caluroso abrazo y un gran saludo de bienvenida.

Los compañeros al mirarme llorar se acercaron a mí y me dijeron: "¿Ya viste? Tú perteneces a esta familia". Entonces comprendí que AA era el lugar donde pertenecía. Dejé de debatir y me puse a disposición de mi Poder Superior para ayudar a aquellos que aún seguían sufriendo.

Recientemente recibí el servicio de Chairman, y es un privilegio servir porque mantengo mi mente ocupada en cosas que me mantienen sobrio. Gracias a mi Poder Superior tengo ese servicio, pues me permite compartir mi experiencia con los presos y puedo mostrarles que sí hay una mejor manera de vivir sin alcohol y sin drogas, sin importar su pasado. Si yo puedo estar sobrio ellos también pueden lograrlo.

Dios me concedió la oportunidad de darle a mi madre la alegría de verme sin beber y pudimos perdonarnos antes de que mi madre muriera por Covid-19. Su partida me dolió muchísimo, pero gracias a AA me mantuve sobrio. Hoy, gracias a Dios, mi vida es diferente, aunque estoy privado de mi libertad, le doy gracias a mi Poder Superior, como yo lo concibo, por haberme permitido escapar de las garras de la muerte para vivir un día a la vez.

Que el Poder Superior les dé muchas horas de bendita sobriedad. ¡Soy libre!

Juan Ricardo L. | CCI State Prison, California

ENERO / FEBRERO 2024

Milagros en las instituciones

A PESAR DE ESTAR CONDENADOS, SE PALPABA LA LUZ DE ESPERANZA Y LA ALEGRÍA EN SUS CORAZONES

¿Qué importancia tiene el llevar el mensaje a las instituciones?

Uno de los servicios que otorga mayor sobriedad emocional es llevar el mensaje a las instituciones, ya sea un hospital o una prisión.

Cuando llegué a AA y dejé de beber, tenía mucho tiempo libre antes de mi reunión de grupo, y uno de los veteranos me invitó a una cárcel federal. La verdad, me llenaba de temor, un miedo natural a lo desconocido. Salimos muy de mañana un día jueves de Xalapa a Perote, y llegamos a la Fortaleza de San Carlos.

Al llegar a ese lugar sentía frío, nervios y miedo. Ese miedo se acrecentó aún más cuando la puerta se cerró y nos registramos. Teníamos que cubrir ciertos requisitos para poder ingresar. Después, ya dentro del penal nos dirigieron a una habitación que estaba asignada al grupo de AA. Allí, en el interior, vi gente alegre, gente que a pesar de que estaba purgando una condena, hablaba de libertad. Sí, estaban presos por cometer algún delito, pero en realidad eran libres. El veterano que me llevó, me dijo: "Tú solo escucha, por ahora no compartas y verás que maravillosos regalos te van a dar".

Escuché experiencias dolorosas, donde el "Delirium Tremens" producido por la ingesta excesiva de alcohol había provocado que se cometieran algunos delitos. Cierto, yo no había llegado a beber en esa forma excesiva, entonces comprendía lo que la literatura decía: "Ahórrate esos diez o quince años de sufrimiento por el que otros tuvieron que pasar".

El tiempo pasó rápidamente, la reunión terminó y los compañeros internos nos acompañaron hasta la salida del penal. Recuerdo claramente sus palabras: "Chavo, no te alejes de AA, sigue viniendo, los mejores años están por delante". Otros nos dijeron: "No dejen de venir, ustedes sí pueden entrar y nosotros no podemos salir".

Esas palabras entraron en todo mi ser. Han pasado veintisiete años desde mi llegada a AA, y más de veintiséis años de mi primera experiencia en una prisión, y desde entonces, continúo haciendo este servicio. Siempre que tengo oportunidad estoy en algún grupo institucional. Gracias a los compañeros de los diferentes grupos institucionales: "Sin beber, es saber vivir", "Renacimiento" y "Pro Libertad".

Luis Noé R. | Veracruz, México

MAYO / JUNIO 2011

Mi antídoto

ATRAVESANDO LOS MUROS DE LA CÁRCEL CON PALABRAS

Queridos amigos alcohólicos, quiero agradecerles por compartir conmigo sus vivencias y por permitirme compartir las mías con ustedes. Se siente bonito saber que las palabras que brotan de nuestro corazón lleguen a las manos de más de once mil personas. Yo les escribo desde la prisión, un lugar oscuro donde me trajo mi enfermedad, y desde aquí el hecho de compartir con ustedes las vivencias de mi vida es un antídoto que me da hoy las fuerzas suficientes para mantenerme en la plataforma que, como alcohólicos, nos mantiene activos en la práctica de vivir veinticuatro horas sin sentir la necesidad de querer tomar.

Escribir en silencio me vuelve un poco melancólico, y al leer las historias de La Viña me nace una gran simpatía por todos aquellos que comparten sus historias con quienes más las necesitan. Es irónico hasta cierto punto, pues yo, al igual que ustedes, sufro en carne propia las consecuencias de haber tomado la decisión de buscarle alivio a mis penas en el alcohol sin imaginarme nunca que podría llegar hasta estas instancias. Mas creo que el sentir simpatía por mi prójimo me lleva a poner en práctica el Paso Doce, pues el hecho de escribirles desde aquí tiene un propósito fundamental y es la humilde intención de hacerles saber a quienes leen esta revista, alcohólicos o no alcohólicos, que tomar es un gusto que no ofrece felicidad y que existe la enorme posibilidad de que tarde o temprano nos azote un ocaso del cual será difícil levantarnos; eso si corremos con la "fortuna" de venir a uno de estos osarios, porque hay ocasiones donde la muerte nos llega antes de tiempo, y entonces nada más queda el dolor que sembramos en los seres que nos amaron y que sin duda quisieron lo mejor para nosotros.

Yo llegué a la prisión cuando solo tenía veintitrés años, pero antes de mi llegada me vi frente a frente con la muerte. Me sentía invencible ante las incertidumbres de la vida porque "mala hierba nunca muere". Tres veces me arrestó la policía por andar borracho y de esos tres avisos, a ninguno le presté atención.

Un día tomé una mala decisión, días después me estaban sentenciando a cadena perpetua. No, yo no maté a nadie. Mis manos están limpias de sangre y mi conciencia está tranquila en ese sentido, pero quiero que sepan que para venir a la prisión a hacer "vida" no se requiere que uno mate a una persona, basta la ignorancia y unos tragos.

El caso es, amigos, que fui una persona torpe y testaruda; nunca en mis años mozos pude aceptar que yo tenía un problema. Mi ego era tan grande, que recuerdo cuando el juez me mandaba a hacer unos programas de AA, yo iba al grupo a burlarme de aquellos borrachitos.

Todo esto cambió cuando llegué a la prisión. Aunque es imposible adaptarse a esta mísera condición, el hecho de poder meditar un poquito acerca de mis errores pasados ya era ganancia, y hasta cierto punto me daba un espasmo de calma, y digo un espasmo porque la mayoría del tiempo no hacía más que vivir en un mundo de culpa y de remordimiento.

Cuando comencé a asistir a las reuniones aquí, tenía siempre la misma actitud, pero después, ya en un estado de sobriedad permanente, me fui dando cuenta de a poquito de mi alcoholismo. Así fue como un día sentí que desde lo más profundo de mi corazón brotaron las palabras "Soy Nelson y soy alcohólico".

Desde aquel día ya han pasado varios años, y en todos estos años, gracias a la literatura de AA, he aprendido lo más valioso que se aprende en Alcohólicos Anónimos: a no ser hipócrita, mentiroso, egoísta, falso, etc. Aprendí a invertir los pasos en mi vida, aceptando por completo mi derrota ante el alcohol; a hacer mi inventario moral, y claro, a continuar trabajando con otros alcohólicos.

He perdido mucho, sí: el amor de mi familia y lo que no he compartido con ellos, nunca se podrá recuperar; sin embargo, he ganado bastante, porque al aceptar mi total derrota ante el alcohol, he ganado la dicha de "saber" que la vida aún me brinda otra oportunidad más para ser feliz. Y como bien se sabe, admitir la ignorancia es el primer paso hacia el camino del entendimiento.

Gracias, amigos, por haberme permitido compartir con ustedes un poquito de mi vida, y nuevamente gracias por compartir sus vivencias conmigo. El impacto que La Viña ha hecho en mi vida ha sido grande; por un tiempo solo la leía y me sentía bien al hacerlo porque me relacionaba con todas las historias narradas. Ahora que tengo la oportunidad de poner mis pensamientos sobre un papel para compartirlos con ustedes, me siento mucho mejor porque para un prisionero no es fácil abrir las puertas de su corazón al mundo. Hoy quiero demostrarle a la sociedad que un prisionero que pisa una celda derrotado por su enfermedad, antes de ser lo que sea, es alcohólico, y por lo tanto si ese alcohólico decide cambiar su vida para el bien, esa persona podrá ser rehabilitada, y si lo es, sin duda tendrá algo positivo que ofrecerle a la vida.

Nelson T. | Soledad, California

SEPTIEMBRE / OCTUBRE 2021

Mi prisión en una botella

MIENTRAS LAS MUJERES COMPARTÍAN SUS HISTORIAS SOBRE LAS OFENSAS QUE COMETIERON, LA PREGUNTA QUE SE HIZO A SÍ MISMA FUE ... ¿NO LO HICIMOS TODAS?

Comencé a buscar seriamente formas de ser útil cuando tenía seis meses de sobriedad. Pronto escuché que AA trajo reuniones a la cárcel del condado en mi área y algo funcionó. Sabía que quería hacer esto. Trabajé en un centro penitenciario poco después de la escuela de enfermería y comprendía algunos de los mecanismos internos del sistema penitenciario. Sin embargo, nunca me habían encerrado. De alguna manera, había escapado de esta desgracia, pero solo por la gracia de Dios. Y a pesar de mi atracción inicial por la oportunidad, también sentí aprensión. Lo desconocido intimidaba.

En el momento en que me senté en esa pequeña biblioteca de la cárcel con esas mujeres, sentí la camaradería y el parentesco instantáneos que siento cada vez que entro a una reunión de AA en cualquier lugar. No importaba que estas mujeres hubieran cometido delitos. ¿No lo habíamos hecho todas? Si nuestros crímenes no fueron castigados por la ley estatal, ciertamente fueron una ofensa para el corazón, la mente y el espíritu. Nuestra culpa era la misma, junto con nuestro miedo a vivir sin alcohol, nuestro dolor por el daño que causamos, nuestra falta de rumbo, nuestro anhelo, nuestra soledad.

Estos fueron los puntos en común que vi en los ojos de todas las mujeres sentadas en esa habitación. Como ellas, me había sentido indigna de amor y avergonzada. También me dolía el sufrimiento que había causado a mis hijos. Yo también quería una vida mejor que la que me brindaron años de consumo excesivo de alcohol. Y yo había estado en mi propia prisión. Mi prisión existía en una botella de vidrio, un frasco, una taza de cerámica que mantenía llena perpetuamente debajo del lavabo de mi baño. Conocí la desesperanza. Y había encontrado una salida. El milagro es que me he encontrado más a gusto en la biblioteca de la cárcel que en cualquier otro lugar.

Tres años después, todavía visito mujeres en la cárcel de mi condado. Me recuerdan la prisión en la que ya no tengo que vivir. Pero también me dan esperanza. Me inspiran con su valentía, honestidad y voluntad de ser vulnerables. Cuando entro en esa biblioteca y las puertas se cierran detrás de mí, nunca tengo miedo. Estoy entre mi gente. Estoy en medio de una familia.

Durante una hora y media, estoy allí, somos simplemente seres humanos. Somos compañeras alcohólicas. Somos madres, hermanas, hijas, todas compartiendo la gloriosa, trágica, desgarradora y milagrosa experiencia de nuestra lucha común. Y durante nuestro breve tiempo juntas, compartimos la esperanza de un futuro mejor.

Quizás pueda ayudar a otro alcohólico que actualmente

está cumpliendo condena tras las rejas simplemente compartiendo mi experiencia, fortaleza y esperanza. No sé. Lo que sí sé es que esas mujeres continúan manteniéndome sobria, compartiendo sus vidas conmigo.

Sara S. | Carbondale, Colorado

MAYO / JUNIO 2014

De buenas o de malas

NO TODOS APRECIAN SU CAFÉ, PERO TODOS NECESITAMOS SU SERVICIO

Cuando me arrestaron y me mandaron a Alcohólicos Anónimos, hace catorce años, yo pensé que no me iba a quedar o que no iba a dejar de beber. Pero qué equivocado estaba, una vez más.

En cuanto al servicio, me dijeron que no importaba lo que yo hiciese. El único servicio que yo podía hacer, al principio, era el de cafetero. En realidad era el único servicio que estaba disponible o que nadie quería, el resto de los servicios son más peleados.

Yo llegué a Alcohólicos Anónimos enfermo, loco y neurótico. Me dijeron: "Tienes que comenzar a servir porque te vas a aburrir y te vas a ir". Hay dos maneras de servir café, de buenas o de malas". Saber tolerar a los compañeros que me dicen: "No sabes hacerlo", "Te quedó horrible", "A ver si para mañana lo haces más cargadito" o "Mejor siéntate, que yo me hago mi café porque tú no sabes".

Muchas veces yo pensé en dejar el servicio porque primero me dijeron: "Sirve de cafetero" y después: "Ni para hacer café sirves". Pensé hasta golpearlos para que se callaran. Me resentí muchas veces con los compañeros, pero ahora creo que es el mejor servicio dentro de AA porque haciéndolo aprendí a tener tolerancia con los compañeros, a saber cómo tengo que trabajar con mis defectos para entenderlos a ellos y agradecer que, gracias a eso, sigo en AA.

Pasar el mensaje en las cárceles no es fácil porque aun teniendo conocimiento de lo que es AA, cuesta aceptar que alguien desconocido se declare como un Alcohólico Anónimo. Pero cuando se visita una cárcel y se le pasa el mensaje a una persona y después de cierto tiempo la vemos en un grupo y nos agradece por haberle pasado el mensaje ya que, gracias a uno está con nosotros, la sensación es muy diferente.

En mi caso personal, cuando llegó el día de mi salida de la cárcel tuve dudas si asistir o no a una reunión, pero asistí porque me obligaron las autoridades. Después de cierto tiempo en el grupo, regresé al lugar donde estuve preso a llevar información, a decirles que yo también estuve allá, que si "yo puedo ustedes también pueden, nada más tienen que poner de su parte".

Es agradable escuchar a los amigos compartir los problemas que decían tener cuando bebían. Me gusta cuando dicen: "Ya no he vuelto a estar en una cárcel, no he amanecido en prisión, no me he sentido mal a causa de las borracheras o crudas y eso es gracias a ustedes".

Aquí, en el distrito 24 del área, me dieron los temas para los historiales de La Viña y uno de ellos era llevar el mensaje de AA a prisiones. Quiero decirles que es al revés, uno va allá a traer el mensaje.

Yo supe de todo esto porque a mí me arrestaron y me llevaron a la cárcel y allí alguien de AA se tomó la molestia de gastar salud, dinero y tiempo para hablarle a un preso.

José H. | Long Beach, California

Preparada para lo peor

EN SOBRIEDAD, TIENE QUE REGRESAR A LA CÁRCEL

Me encuentro presa en el Estado de Florida, a más de 2,500 millas de la ciudad de El Paso, Texas. Este año cumplo 9 años de sobriedad.

Hace 15 años cometí un delito que pagué con tres años de prisión. Después de estar "libre" volví a beber. Me esperaba un encierro más tormentoso y muy pronto estaba aun más perdida en el alcoholismo. Desperté en la cárcel de la ciudad en abril del 2001. Mi hija mayor, que entonces era muy jovencita me sacó de la cárcel. Volví a beber y no atendí a mi probatoria; fui a la corte aún tomada, alguién me dijo que mejor me fuera a casa y así lo hice.

Empecé a beber más, pues sentía vergüenza y lástima de mi misma. Ese mismo año me divorcié de mi segundo esposo, perdí varios trabajos, también perdí la fe. Mis hijas decepcionadas, la familia entera desesperada, casi perdemos la casa. Ya no quedaban escapatorias, quería cambiar pero no sabía como.

Meses después, por la gracia de mi Poder Superior, decidí buscar ayuda, había tocado fondo. En Alcohólicos Anónimos encontré mi objetivo en la vida y una luz de esperanza; ya no tenía que luchar contra el alcohol.

Nueve años más tarde, mientras un policía revisaba mi licencia de conducir, escuché algo que golpeó mi cabeza y mi corazón: "Tienes una orden de arresto".

Lo había olvidado; me costó un par de meses digerirlo y aceptarlo. Me sentenciaron a ocho meses en prisión. Llevo casi cinco meses esperando un traslado a Texas, quisiera estar cerca de mis hijas, pero con todo estoy en paz.

Esta serenidad la obtengo con el intento diario de practicar mi programa, con la ayuda que recibo de otras alcohólicas, también recluidas aquí. Una ciudad como Tampa, dónde existe una gran cantidad de alcohólicas que mueren sin esperanza. Entran y salen de la cárcel solo para volver a lo mismo.

Para realizar una junta de AA con personas que vienen de afuera se requiere de mucho papeleo, por lo que a veces vienen los sábados y a veces no. Con un solo libro de los Pasos y las Tradiciones, nos reunimos en mi celda diariamente, en juntas que duran una hora. Soy la única hispana, pero nos une un mismo dolor y un mismo objetivo. Es importante estar preparadas para que al salir de aquí se sienta una verdadera libertad y la certeza de que nunca más estarás sola.

Kathy, que tenía 25 años bebiendo dice haber experimentado un encuentro consigo misma, lleva un plan de acción, una meta a corto plazo y la lista de grupos cerca de donde vive. Está haciendo un inventario moral, y aunque dice temer por su pronta libertad, es la primera vez que el recuerdo de los daños que le causó a sus hijos hoy no la martiriza. Sabe que es solo por hoy.

Como ella hay otras alcohólicas que empiezan su Primer Paso. Ya han asistido a otras juntas, pero dicen querer darse otra oportunidad. Verlas a ellas en su intento diario, a mí me mantiene alerta y me da una fuerza increíble.

Cuento con el apoyo incondicional de mis compañeros que me escriben y llaman a casa; no me han dejado sentir sola. Además de ellos, están siempre en contacto mis cinco hijas y mis nietas. Este es el amor incomparable que recibo gracias a este bendito programa que mi Poder Superior puso en mi camino.

Mi yerno, que es un gran admirador de Alcohólicos Anónimos, se ha convertido en otro hijo, atiende las juntas para apoyarme a mí y a mi hija. Ellos y los demás familiares me esperan con amor y con paz.

Dejar de beber no es suficiente; fui negligente. Descuidé una responsabilidad muy importante que me costó mi libertad, y entre otros daños, a la familia, pues para ellos es difícil comprender ya que todo en mi vida parecía estar bien. Algo que puedo reafirmar es que AA te prepara para lo peor, esperando lo mejor..... si tú quieres.

Maria V. | El Paso, Texas

JULIO / AGOSTO 2022

Mi grupo base en la cárcel

UN MIEMBRO COMPARTE SUS RECUERDOS HACIENDO SERVICIO MIENTRAS SERVÍA TIEMPO

Mi nombre es Ramón L., y soy un enfermo alcohólico en recuperación. En esta ocasión me gustaría relatarles mi experiencia acerca de las cárceles.

En el año 2011, yo tuve una experiencia en la que fui involucrado en un fraude de finanzas por el cual originalmente me daban siete años de prisión. Estuve peleando en mi caso por ocho años, después de eso mi sentencia fue de diez meses, de los cuales solo hice cinco meses de cárcel.

En esa ocasión cuando llegué a las cárceles a cumplir mi sentencia, como yo soy alcohólico en recuperación con más de treinta años de sobriedad, ya tenía contactos con el comité de Hospitales e Instituciones. Y el que coordinaba era el compañero Jesús (el químico).

No me dio tanto gusto verlo porque estaba yo purgando una sentencia, pero me dio mucho gusto encontrarme con tantas personas que estaban en la cárcel y que necesitaban saber del mensaje de Alcohólicos Anónimos. Yo, en el momento, me puse a platicar con todos los presos que pude alrededor de mi barraca 12, cama 59, la cual sería el nacimiento del grupo que quedó establecido en esa cárcel de Elmwood con el nombre de "Recuperación de Elmwood", en Milpitas, California, el cual fue electo a través de la conciencia que llegamos a hacer casi sesenta personas a través de la canasta y que sesionábamos todas las noches.

En una ocasión, el comité de Correccionales e Instituciones me permitió coordinar una reunión dentro de la cárcel, me dio mucho gusto porque fueron todos mis compañeros que estaban en la cárcel a acompañarme ese día en la reunión y pudimos compartir entre unos y otros.

En el lapso de tiempo que estuve durante los cinco meses dentro de la cárcel, pude lograr pasarle el mensaje a muchas personas. Algunas de ellas ya salieron de su sentencia y están actualmente en mi grupo La Alegría de Vivir, con el actual coordinador Adelfo S., al que también conocí.

Eleazar L., Juan Carlos (el Borrego) y el compañero Dagoberto H. —quien también llegó a pagar una sentencia— teníamos el mismo padrino al mismo tiempo. Nos daba mucho gusto que, durante muchos años, nuestro padrino ha procurado mantenernos en una sana recuperación a través de los Pasos de Alcohólicos Anónimos. Nos ha hecho entender lo importante que es, dondequiera que estemos, preocuparnos siempre por seguir pasando el mensaje, ya que estamos conscientes de que un alcohólico nos necesita tanto como nosotros a ellos.

Han pasado tantos años y tantas experiencias en mi vida; recuerdo que, al terminar mi sentencia, el último viernes que estaba para cumplir mi salida, todos mis compañeros se enteraron de que ya iba a salir y de alguna manera todos me apoyaron con un festín de despedida. Unos trajeron galletas, pan, café, sándwich... no me imagino de dónde o cómo lo consiguieron dentro de la cárcel, pero la cosa es que ahí estaban haciéndose presentes. Todos vinieron conmigo a esa reunión y me hicieron sentir el gran amor que había comenzado a nacer en mí, al poder compartir con ellos. Se habló de lo importante que es que cada uno de nosotros asuma la responsabilidad de que, cuando alguien pida ayuda, Alcohólicos

Anónimos siempre esté ahí para extenderle la mano.

Nos preguntábamos: "¿Quién se iba a quedar al frente del grupo?". Hasta la actualidad, cada uno de los líderes han tomado su responsabilidad y han hecho su parte en el tiempo que están cumpliendo su sentencia: tantas alegrías, tantas tristezas, que en ocasiones hasta los guardias nos llegaban a querer callar, pero al ver lo que estábamos haciendo, nos decían solamente: "No hablen tan recio". Y a veces perdíamos la noción y soltábamos las carcajadas alegres que a los alcohólicos, por estar sin beber, nos hacían sentir libres cada día incluso estando tras las rejas.

Hoy, en la actualidad, sé que ese grupo sigue activo. Constantemente nos visitan personas que comparten con nosotros que los compañeros aún siguen sesionando dentro de la cárcel, y que, uno a uno, han ido dejando su huella al lograr que siempre exista un lugar donde poder hablar de nuestra enfermedad y de nuestra solución, que es Alcohólicos Anónimos. En mi vida personal, pues ya son más de treinta años, he podido vivir un día a la vez.

En ocasiones me he puesto a pensar que tal vez Dios me ha mandado a la cárcel muchas veces, y nunca me he sentido mal porque siempre he encontrado mejores amigos ahí dentro de la cárcel. Hace muchos años también encontré a uno que se llama Crispín, al que también hace veintitrés años le pasé el mensaje y aún sigue activo. Me da mucho gusto saber que él también le dio vida al mensaje que un día le pasé, y hasta hoy seguimos juntos en el grupo, trabajando hombro con hombro, siempre buscando el bienestar de los demás.

Por eso yo estoy muy agradecido con Alcohólicos Anónimos por haberme rescatado; desde mi padre hasta mis hermanos y ahora mis nietos. Todos estamos gozando de la libertad de Alcohólicos Anónimos, que nos da el poder de dar gracias a Dios a través del servicio. Muchísimas gracias, que Dios me los siga bendiciendo, y a todos los alcohólicos del mundo donde quiera que se encuentren, sí se puede. Encuentren un Poder

Superior, agárrense de su mano y sigamos limpiando de escombros nuestro pasado. Hombro con hombro, nos encontraremos en el camino del destino feliz. Que Dios me los bendiga y felices 24 horas.

Ramón L. | San José, California

SEPTIEMBRE / OCTUBRE 2012

Fórmula fatal

UNA PELIGROSA DOSIS DE ALCOHOL Y VIOLENCIA CASI LO LLEVA A LA LOCURA

Mi nombre es Alejandro y soy un alcohólico afortunado. Nací en un ranchito del sur de México y soy hijo mayor de una familia donde hubo mucha violencia. Siempre he sido muy acomplejado debido a los desprecios por parte de la familia de mi padre. Ellos no nos querían porque mi madre era "una india", como la llamaban. Esto me hizo sentir inferior a los parientes de mi padre, pero superior a los de mi madre.

Así entré al ejército, huyendo de esos sentimientos encontrados. Allí encontré parte de la seguridad que creí que necesitaba, con un arma en mis manos dejé de tenerle miedo a gente más alta que yo.

Poco después tuve contacto con el alcohol y otras sustancias y me convencí de que había hecho un descubrimiento maravilloso, por primera vez en mi vida me sentí guapo.

Era la fórmula perfecta: armas, alcohol y otras sustancias. Pude declararme a una mujer sin tartamudear o sentir que no me salía la voz. Experimenté una libertad embriagadora y cada vez que me sentía feo o con miedo, buscaba mi fórmula perfecta.

Hice carrera en el ejército, me gradué en una escuela militar y, por mi entrega y dedicación, me incorporé en un grupo especial, en dónde me convertí en un intocable.

Abusé de mi autoridad y fui a parar a una prisión militar. Después de muchas advertencias y de un consejo de honor, terminé recluido en una sala de psiquiatría en el hospital central militar de mi país. Al poco tiempo y estando todavía en ese recinto, se me notificó que estaba en situación de retiro por neurótico depresivo y por poner en peligro las vidas de mis propios compañeros.

Quedé bajo la tutela familiar y así comenzó la guerra con mi familia, pero ahora era yo el agresivo. No es grato convivir con un exmilitar loco, en tres ocasiones le quise quitar la vida a mi padre, también a mi abuelo y a un tío. Hubo escenas sangrientas delante de mis hermanos menores y mi madre. Finalmente ella, cansada de mi comportamiento, me pidió que me fuera lejos porque no quería que yo matara a mi padre o él a mí.

No fue fácil mi vida al entrar a AA. Tenía muchos sentimientos de culpa, pero gracias a mi padrino y a Dios, pude trascender todo eso. Recuerdo que él me repetía que yo no era culpable y que Dios me había perdonado todo desde el momento que había cruzado las puertas de mi grupo. Me costó creerlo, pero hoy sí lo creo, porque pude ponerme en paz con Dios, mi familia y conmigo mismo.

Un día, ya estando en AA, mi abuelo me sugirió que escribiera un libro acerca de todas las cosas que he vivido. Hace tres meses que él falleció y hoy escribo estas líneas en su memoria, en agradecimiento a Dios, a AA y a cada uno de sus miembros. Nuestra hermosa fraternidad me ha cobijado por estos últimos 15 años, que han sido los más bonitos de mi vida y de mi familia. Por eso me considero un alcohólico afortunado de haber vivido esta locura y poder disfrutar hoy de la paz.

Alejandro C. R. | Kennewic, Washington

La literatura en la cárcel

LAS EXPERIENCIAS SIMILARES A LA SUYA LE AYUDARON A IDENTIFICARSE Y SALIRSE DEL CICLO VICIOSO EN EL QUE VIVÍA

Yo, Fabiola, nací en León, Guanajuato y soy hija de un alcohólico anónimo que se llamaba Leopoldo. Al año de edad doy mis primeros pasitos en doble A, con mi padre alcohólico y mi madre en Al-Anon, y así fue mi niñez, con mi padre en las juntas de AA y en los aniversarios de AA.

A los siete años ingresé al programa de Alateen, y a los dieciséis años a Al-Anon Juvenil. Por un año dejé de ir porque ya estaba iniciada en mi carrera de alcoholismo. Empecé a tomar alcohol desde los trece años, me alcoholizaba con las botellas que mis hermanos mayores ponían de adorno.

Me vine a los Estados Unidos a la edad de veintidós años, en 1992, y actualmente resido en Denver, Colorado. Llegué a los treinta y nueve años a AA, por un segundo DWI y por muchos problemas relacionados con mi alcoholismo. Jugaba con la vida y la muerte, subiendo el velocímetro bajo la influencia del alcohol, hasta que un policía me paró, me arrestó y me metió a la cárcel. Después llegó el ICE y me llevaron a migración. Mi gran sorpresa fue encontrar ahí la literatura de AA: El Libro Azul y el libro de los Doce Pasos, etc.

Cuando leí el libro de *Carta a un preso que puede ser alcohólico,* leo las experiencias de los primeros pioneros de doble A y empiezo a ver sus experiencias alcohólicas muy similares a la mía, entonces sospecho que soy alcohólica y le pido un milagro al Poder Superior, que para mí es Dios, para salir de la cárcel, y prometo ir a Alcohólicos Anónimos.

Salgo de la cárcel y todavía sigo bebiendo alcohol los primeros meses dentro de AA, hasta que por fin, después de muchos intentos, y junto con mi madrina y mis compañeros, logro mi sobriedad ese precioso día, un veintiséis de abril del

2009. Ya tengo nueve años sin beber alcohol, todavía sigo yendo a la corte de migración, pero ya gané todas las cortes.

Desde que salí de la cárcel me dieron permiso de trabajo por casi diez años, y ahora en noviembre, ya casi para finalizar el 2018, estoy esperando mi tarjeta de residencia con ayuda de mi Poder Superior que es Dios. Es cuando veo las bendiciones y milagros, después de sufrir tantos obstáculos todavía dentro de doble A, porque en mis inicios, un compañero ya grande de edad me faltaba el respeto, pero me enfoqué en el poder y la fortaleza que da el programa. Sentí que tenía que seguir adelante con mi recuperación, con el apoyo de mi padrino y mis compañeros que, no solo consumieron alcohol y drogas, además quedaron mal de sus facultades mentales.

Para la mujer alcohólica en Denver, Colorado, es muy difícil quedarse en este hermoso programa de AA. Lo bueno es que tengo una ventaja, porque siendo hija de un alcohólico y como hija de un Poder Superior que es Dios, como lo he concebido, y después de haber trabajado los Doce Pasos, todo ello me mantiene sin beber, solo por hoy.

El gran anhelo de mi corazón es que la mujer se quede en AA, que haya una recuperación libre de faltas de respeto y de muchos acosos de parte de algunos compañeros. Bendiciones y mucho cariño.

Fabiola A. | Aurora, Colorado

CAPÍTULO 4

EL LEGADO DE SERVICIO DE AA

En el viaje hacia la recuperación, uno de los regalos más transformadores que recibimos es el poder de servir a los demás. Al compartir nuestra esperanza, fortaleza y experiencia, descubrimos que el verdadero propósito de la sobriedad no es solo mantenernos alejados del alcohol, sino vivir con un sentido renovado de conexión y propósito. Servir es un acto de amor y acción, donde damos sin esperar nada a cambio, simplemente porque entendemos el dolor, la lucha y la soledad que otros atraviesan.

A medida que llevamos este mensaje, no solo ayudamos a otros a encontrar la sobriedad, sino que también experimentamos un despertar espiritual que nos cambia desde adentro. Jesús F., en "Una carta para mí", recuerda cómo miembros de AA visitaban su hogar para tratar de ayudar a su padre: "Visitaron una y otra vez mi casa paterna, tratando de salvar la vida de mi padre, pero fracasaban, porque no era su momento. De lo que hoy estoy seguro es que la vida de ellos sí la estaban salvando, pues practicaban el Duodécimo Paso del programa de AA".

Marisol, en su testimonio, nos deja una lección invaluable: "Siempre se puede recomenzar, no importa si tropiezas, lo importante es ponerte de pie y lo demás vendrá por añadidura".

Este capítulo explora cómo el servicio en AA nos une, nos transforma y nos recuerda que la vida cobra un nuevo significado cuando la compartimos con otros. La verdadera recuperación no depende de las circunstancias externas, sino de limpiar nuestro interior y confiar en un Poder Superior.

El servicio me protege contra una recaída

CAMBIÓ LAS CELDAS POR LA PARTICIPACIÓN ACTIVA EN AA

Llegué a Alcohólicos Anónimos años atrás con problemas de alcoholismo y drogadicción que me llevaron a cometer infinidad de delitos que terminaron en problemas con la justicia de mi país.

Por esta razón, al ingresar a AA, fue necesario que hablara de mí mismo. Hablar ante otras personas era algo que carecía de sentido para mí, pues no entendía cómo esto me podía ayudar. El ego salía a flote, era notoria mi auto suficiencia y la cuestión era que desconocía la esencia de este maravilloso programa. Pero había algo que me decía que no desechara lo que no conocía y que era mejor estar sentado en una reunión de AA que estarlo en una celda. Y así fue, pues desde que llegué a AA no he vuelto a pisar una celda. La recuperación fue lenta pero segura; desde que llegué, escuché la sugerencia de los compañeros sobre el apadrinamiento y me busqué un padrino. En más de una ocasión fueron dolorosas las sugerencias que no eran de mi agrado, ya que quería seguir haciendo lo que siempre había hecho. Mi padrino, a quien le agradezco el tiempo que se tomó conmigo, me sugirió tomar en serio el programa y participar, pues de lo contrario mi sobriedad sería precaria. Estas palabras fueron definitivas. Poco después de trabajar mi historia, me habló de devolver lo que desinteresadamente me estaban dando, a lo cual le pregunté si tenía que pagarle. Se echó a reír por mi escaso conocimiento, rectificando que no era a él, sino a AA a quien debía retornar lo recibido, a través del servicio a la Comunidad.

Mi padrino me explicó que ese servicio podía ser cualquier actividad que ayudara a nuestros grupos y que tenía que hacerlo de buena voluntad y nunca esperar recibir pago por ello. Me afirmó, además, que no hay nada que asegure nuestra sobriedad como el trabajar con otros. Me convenció y le contesté que estaba dispuesto. Esto fue clave para mi proceso de recuperación.

Cuando tuve la oportunidad de emigrar a los Estados Unidos comencé a participar en un grupo de California. En ese momento supe que un "RSG" era un representante del distrito y, como el grupo carecía de representante, levanté la mano sin pensarlo dos veces. De esa manera llegué a conocer una reunión de distrito, algo muy diferente a las juntas de los grupos. Allí me enteré que pertenecíamos a un área y pude asistir también a esas reuniones.

Como los servicios son y deben ser rotativos, participé más y más en diversos comités y en las actividades de AA. He participado en el Foro Regional del Pacífico que fue realizado en la ciudad de Spokane, Washington. Hoy, mi mayor anhelo es estar presente en la Convención Mundial del año 2010 en San Antonio, Tejas.

Día a día, les doy gracias a Dios y a AA, a todos y a cada uno de ustedes por pertenecer a este programa. De aquel delincuente borracho y drogadicto no queda más que un servidor. Prestando servicio prevengo una posible recaída y, a la vez, devuelvo lo que hizo otro alcohólico por mí.

Mauricio T. | Fullerton, California

JULIO / AGOSTO 2022

¿Limpiar? ¿Yo?

UN MIEMBRO RENEGÓ VARIAS VECES CONTRA LAS SUGERENCIAS DE LOS VETERANOS, SIN ENTENDER EL MENSAJE

Mi nombre es Roberto O., soy alcohólico y adicto y por hoy no bebo ni consumo gracias a mi Poder Superior: Dios, como lo concibo, y al programa de AA. En mi caso personal, esto del servicio se me ha ido concediendo también poco a poco. Primero, porque mi creencia inicial respecto a lo que es servir era muy equivocada, visto el servicio desde la soberbia y con la mirada egocéntrica, pues qué se puede esperar.

El primer servicio que tuve en mi grupo base fue el de la limpieza; fue el servicio que me sugirieron los más veteranos, sugerencia que no fue aceptada ni a la primera ni a la segunda ni siquiera a la tercera. ¿Limpiar? ¿Yo? Un tipo intelectual como yo debía estar destinado a funciones "más importantes".

Después de regresar de una recaída de casi dos años, aún no con total agrado, acepté esa sugerencia. Recuerdo pasar el trapo con cierta prisa para que los demás compañeros no me viesen, y mientras tanto, mi cabeza dándole vueltas y vueltas a la cuestión, pero seguí insistiendo. No sé en qué momento ese pensamiento egocéntrico dejó de hacer mella en mí, y luego recuerdo estar haciendo el servicio hasta con agrado.

En ese momento era lo único que podía manejar: una escoba y un trapo. Conforme iba pasando el tiempo, de reunión en reunión, el padrino y los más veteranos me fueron alentando a llevar el servicio de moderación, de alterno, etc.

Eso es lo que ha sido el servicio para mí, un reductor de miedos, de egocentrismo, de soberbia, de la obsesión por la bebida, y también, de aprender a ser responsable de mis actos y actitudes.

Hoy en día participo en diversos servicios como éste por

ejemplo, un servicio que me ayuda a compartir el mensaje con otro alcohólico, y que además, de manera escrita, me permite conocerme a mí mismo.

Tanto el asistir a las reuniones como el servicio, me han dado el sentido de pertenecer, ya no solo a mi grupo actual, sino a AA como un todo y, por supuesto, estar a disposición para pasar el mensaje al recién llegado o al que está por venir.

Como bien dice nuestra literatura "practicar estos principios en todos nuestros asuntos", y es lo que intento: trabajar y servir en mi casa y a mis seres queridos con buena voluntad. Gracias a aquellos compañeros por las sugerencias y al servicio mismo, hoy no bebo y soy feliz.

Felices 24 horas.

Roberto O. | Madrid, España

NOVIEMBRE / DICIEMBRE 2017

¿Resentimientos o rotación?

ELLA TAMBIÉN QUISO GOBERNAR

Hace unos años nos preguntaron de qué manera rompíamos el principio de rotación. La respuesta de una compañera veterana fue que, la única manera de romper el principio de rotación, era dejar el servicio antes de terminar el período establecido. Esta respuesta es la que motivó la siguiente reflexión.

En mi opinión, precisamente rompemos el principio de rotación haciendo lo contrario: estando en el mismo servicio durante más tiempo del establecido para tal servicio. Estoy convencida de que perpetuarse en el servicio es malo para el grupo y malo para el servidor.

Es malo para el servidor porque le crea una dependencia de los servicios, una dependencia malsana del grupo y del servicio; muchos compañeros han llegado a pensar que el servicio era suyo.

Es malo para el grupo porque impide que salgan nuevos servidores. Los compañeros nuevos no hacen servicios porque ya estamos nosotros ahí haciendo servicio. Muchos compañeros recién llegados piensan que los únicos capaces de hacer servicios son los servidores que están haciendo su servicio. Lo peor es que frecuentemente son los mismos veteranos quienes han creado esa impresión.

Al parecer nos negamos a rotar porque nos gusta sentirnos importantes dentro del grupo, y realizar el servicio nos da esa sensación de importancia. El servicio nos dio a muchos de nosotros la oportunidad de sentirnos importantes por primera vez en mucho tiempo. Muchas personas aprovechamos la oportunidad para dar rienda suelta a nuestro afán de protagonismo, a nuestra soberbia y a nuestras ganas de gobernarlo todo, me incluyo porque yo también lo hice.

Nadie es imprescindible en el servicio, en la Comunidad o en el grupo. Por los grupos han ido y venido muchos veteranos y los grupos han seguido funcionando después de su marcha.

Mi anterior grupo base se formó porque el grupo le pidió a tres veteranos que permitieran servir a los demás compañeros. Los tres veteranos fundaron un grupo a su medida donde siguieron siendo los jefes. Cuando el grupo les pidió hacer rotación los cuatro servidores se sintieron ofendidos y se marcharon del grupo resentidos. Pensaron que los servicios eran suyos y cuando tuvieron que dejarlos se sintieron humillados. Esta es la razón por la que dije que no rotar es malo para la recuperación del servidor.

Isabel S. | Gijón, España

MARZO / ABRIL 2016

Una carta para mí

DOS GENERACIONES DE ALCOHÓLICOS RECIBEN AYUDA DE LA OSG

Yo tendría doce o trece años de edad cuando los vi llegar a mi casa. Dos eran americanos, el otro latino. Mi madre estaba temerosa, pero esperanzada. Mi padre trataba de comportarse y de no soltar la ira, a la que era tan propenso.

Se reunieron en la sala y yo me dediqué a lo mío, a esas actividades que son importantes cuando se es adolescente. No recuerdo sus caras, no recuerdo más detalles de esa visita, no recuerdo cuánto tiempo se quedaron, ni estoy seguro de cuántas fueron las ocasiones en que regresaron — porque regresaron muchas veces.

Lo que siempre mantuve en mi recuerdo fue que la visita respondía a una carta que mandó mi madre a Nueva York, en uno de sus muchos intentos por lograr que mi padre dejara de beber. Mi madre había escrito una carta a los Alcohólicos Anónimos después de haber leído en una revista en la que se mencionaba cómo un grupo de personas, aparentemente con éxito, habían encontrado una forma de liberarse de las garras del alcohol.

Los visitantes contaron la historia. Dijeron que de las oficinas de Servicios Generales de Nueva York, mandaron la carta de mi madre a la ciudad de San Diego, que era donde ellos vivían. Supe que pasarían el fin de semana en la ciudad, hospedándose en uno de los hoteles de la zona turística. Invitaron a mi padre a que los acompañara por sus recorridos en la ciudad y comieron alguna vez en nuestra casa. Recuerdo que el día domingo, en la tarde, regresaron a San Diego.

Después de la partida de estos Alcohólicos Anónimos, mi padre pasaba por períodos de silencio y otros en los que discutía acaloradamente con mi madre, dejaba de beber por algún tiempo y en mi familia renacían las esperanzas de que las cosas mejorarían.

Por espacio de cinco o seis años, esos alcohólicos, que no bebían, visitaron una y otra vez mi casa paterna, tratando de salvar la vida de mi padre, pero fracasaban porque no era su momento. De lo que hoy estoy seguro es que la vida de ellos sí la estaban salvando, pues practicaban el Duodécimo Paso del programa de Alcohólicos Anónimos.

Con el tiempo, también llegaron otros alcohólicos que venían de la ciudad de Los Ángeles (del grupo El Salvador, creo) y algunos más de Yuma, Arizona. Los miembros de San Diego y de Yuma motivaron a los servidores de los grupos ya existentes en Tijuana y en 1972, se dieron a la tarea de trabajar para que se formara el primer grupo en Ensenada.

Uno de ellos siguió acudiendo por muchos años más a mi casa, trasmitiendo pacientemente el mensaje a un alcohólico que no quería dejar de beber. Tuvieron que pasar casi doce años más con hospitalizaciones, psiquiátricos, fugas geográficas, divorcio, trabajos perdidos, violencia familiar, borracheras de más de 45 días seguidos y sufrimiento, mucho sufrimiento.

Hasta que en 1975, la semilla de AA germinó. Mi padre murió en 2002, después de haber vivido más de 27 años sin haber vuelto a beber una copa, gracias a estos servidores.

Mi madre, como la inmensa mayoría de las esposas de un adicto, pasó mucho tiempo de su vida atendiendo el alcoholismo de mi padre. Como mujer que sufría de abuso físico y mental, e inmersa en esa relación de codependencia, tan común en las familias de alcohólicos, no es de extrañar que el abandono a los hijos estuviera presente.

Yo crecí culpándola de ese abandono. Yo estaba convencido de que ella me había privado de su tiempo, que me debía, que había hecho por él lo que no había hecho por mí. Me sentía desplazado, no querido, desvalorado, por lo que, de alguna manera, me alegraba que mi madre no pudo lograr que mi padre dejara de beber.

Mucho tiempo después, a punto de divorciarme, sin trabajo, sin haber terminado mis estudios, siendo infeliz y haciendo infelices a otros, con borracheras cada vez más problemáticas, buscando una solución a mi vida, acudí a un grupo de AA en la ciudad de Palenque, Chiapas. Tenía 28 años de edad, dieciséis más de los que tenía cuando aquellos "gringos" visitaron mi casa por primera vez, aquel fin de semana de 1966.

Lo cierto es que, cuando mi tiempo llegó, cuando lo necesité, supe a dónde ir, no tuve dudas al respecto. Supe que para problemas con el alcohol, los grupos de AA eran la solución. Yo tenía ya esa información, esa semilla sembrada. Y cinco años más tarde, gracias a mi padrino, pude entender que mi madre no había escrito esa carta a Nueva York para salvar a mi padre, la había escrito para salvarme a mí.

Jesús F. | Los Ángeles, California

ENERO / FEBRERO 2017

En memoria de mi madrina

ENCONTRÓ EN ESA COMPAÑERA SERVICIO Y AMOR

Hoy les quiero compartir cuánto extraño a mi madrina. Cuando llegué a Alcohólicos Anónonimos estuve casi seis meses sin madrina. Los compañeros del grupo me repetían todo el tiempo: "Búscate un padrino o una madrina". Yo no les hacía caso, quería dejar de beber manteniendo mi mente ocupada. Recuerdo que, en el grupo, cada vez que llegaba alguien, yo le servía café. Lo hacía para llamar la atención y para que todos me vieran.

Un día subió a la tribuna una compañera que era la madrina de muchos alcohólicos. La compañera compartió que su necesidad de llamar la atención era tan grande que si había una fiesta, ella quería ser la festejada. Si había una celebración de quince años, quería ser la quinceañera. Si había boda, quería ser la novia y si había velorio, quería ser el muerto.

Me quedé impresionada: sus palabras describían exactamente mi manera de sentir. Así fue que la escogí a ella de madrina.

Al día siguiente, en el grupo alguien me dijo: "Hoy yo seré tu cafetero, siéntate, toma un pan y un café y disfrútalo, al igual que la junta". Esa fue la primera vez que disfruté una reunión completa de hora y media, sin levantarme. Esa noche pude, por fin, escuchar con atención a los compañeros que se esmeraban por regalarme su experiencia.

Durante año y medio fuimos juntas a todos lados, compartiendo en aniversarios de grupos y convenciones. Ella me enseñó que el servicio se hace con amor.

Pero un buen día me confesó que el cáncer había regresado, le dieron tres meses de vida y solo duró un mes.

Cuando le lavaba sus pies hinchados recuerdo que me decía: "Verás que si te encuentras en una situación similar, alguien te cuidará como tú me cuidas a mí".

A pesar de su enfermedad, mi madrina era muy fuerte. Yo trataba de darle ánimos y fortaleza. Pero ella era quien me daba todo eso. Me decía: "Sé una buena alcohólica, ayuda a los nuevos y quiere a todos tus alcohólicos".

Yo solía decir que estaba preparada para cuando mi madrina dejara de vivir. A la hora de su entierro, yo estaba compartiendo en un grupo el tema acerca del alcoholismo. Pero no pude más y empecé a llorar como una magdalena.

Todos los compañeros me abrazaron "no pasa nada", me decían, "donde quiera que se encuentre, ella está feliz de que tú estés haciendo lo que ella te había inculcado: compartir tu experiencia cuando te invitan a otros grupos".

No pasa un día sin que yo deje de recordarla con amor y

cariño. Gracias a ella, que me inspiró con el servicio, hoy soy secretaria del comité de La Viña en mi distrito y el primer domingo de cada mes, en mi grupo base, coordino un taller de escritura para enviar a la revista.

Les comparto esto para motivarlos a compartir sus experiencias.

¡Felices veinticuatro horas!

Stephania | Stanton, California

NOVIEMBRE / DICIEMBRE 2023

Círculo de amor

UNA MUJER ALCOHÓLICA EXPERIMENTA LA MAGIA DE AA EN SU PRIMERA REUNIÓN

Regresé después de unos años a mi ciudad de origen, con una sensación de fracaso en mi interior, y pensando que no valía nada, que nadie me apreciaba. Nuevamente con los pensamientos suicidas, llevando cuatro años de abstinencia en AA, me gustaría decir que de sobriedad, pero ¡no!, porque había vuelto a beber y la consecuencia fue quedarme en México por un año hasta que mi cuerpo se desintoxicara. Luego tendría que pedir mi perdón y regresar a los Estados Unidos.

Entonces, me vi en el tramo decisivo de mi jornada. Tenía dos opciones: hundirme en mi enfermedad alcohólica buscando todos los motivos habidos y por haber. Podía echarle la culpa a mi esposo por un matrimonio caótico, la muerte de mi madre y de mi padre, el haber fracasado como estudiante, como hija, como hermana y amiga. Y así puedo continuar. Había mucho para conmiserarme.

La segunda opción era regresar a un grupo de AA. Me parecía una decisión difícil de encarar, pensaba que me iban a rechazar por haber bebido.

Me acerqué al grupo de mi localidad. El más cercano era el Grupo Luz y Acción. Pero para mi gran sorpresa me recibieron con comprensión, cariño y respeto. Me dijeron: "¡Pasa, te estábamos esperando! Nosotros ya te aceptamos, esperamos que tú nos aceptes".

Por mis inseguridades, yo no congeniaba con las mujeres en AA, pero cuatro madrinas del grupo me arroparon, me cuidaron y me guiaron con tanta comprensión que no podía creerlo. Hubo un grupo de compañeros que me invitaron a descubrir el mundo de AA. No permitían que me sintiera sola. Empezó para mí la integración y conocí la libertad en AA.

Escuché a un compañero por el cual el grupo estaba en problemas, estaba pasando por una mala situación. Pero dijo unas palabras que significaron mucho para mí: "Cometí un error y pido perdón por ello. ¡Pero no voy a estar de rodillas toda la vida!" Eso cambió mi perspectiva a la postre. Ese compañero se convirtió en mi padrino y amigo.

Hoy agradezco a esos compañeros que me ayudaron a saber que soy un pequeño engrane dentro de un todo. ¡PERO SOY UN ENGRANE, SOY PARTE DE!

Lo más hermoso es aceptar que soy Alcohólica Anónima. Gracias a todos los alcohólicos aprendo a vivir una vida sin alcohol y sin drogas. Siempre se puede recomenzar, no importa si tropiezas, lo importante es ponerte de pie y lo demás vendrá por añadidura.

Aunque se dice que los mejores días están por venir. Hoy entiendo que el mejor día es hoy, que aunque llore, berree o patalee, las circunstancias no cambian, solo depende de mí, como quiera vivir mi día y ¡solo por hoy!

Hoy no bebo. Han pasado siete años desde mi regreso y, gracias a todos los AA, sigo disfrutando de mi sobriedad. Un saludo desde su grupo El Refugio, en Los Ángeles, California.

Marisol G. | Montebello, California

Ayudo porque me ayudaron

UN ALCOHÓLICO LLEVA EL MENSAJE A LOS QUE TODAVÍA SUFREN

La noche estaba tenebrosa. Una lluvia constante había caído durante todo el día. Hacía frío que, por ser flaco, lo siento con mucha frecuencia. Me dirigía a responder a un llamado de ayuda que había recibido de parte de la esposa de un señor llamado Julio. Llegué hasta el patio de una humilde casita de madera. La señora llamó a Julio. Apareció un hombre de unos cincuenta años, blanco, de mediana estatura, descalzo y sin camisa, su lacia cabellera totalmente despeinada. "¿Tú eres Julio?" le pregunté. "Si me viene con el cuento de Dios, se puede largar ahora mismo", me contestó. (Luego me enteré de que su esposa era evangélica y que posiblemente estaba cansado de que le hablaran de Dios). "No vengo a hablarte de Dios", le dije. "Vengo a hablarte de ron. Siéntate ahí y fúmate este cigarrillo".

Le hablé de mí como cinco minutos. Cuando terminó de fumar, le pidió una camisa y los zapatos a la esposa y se fue conmigo a la reunión. De eso hace dieciocho años y Julio no ha vuelto a beber. A menudo me lo encuentro en un negocito que tiene y vive feliz. Recientemente murió su esposa y Julio se mantuvo sobrio.

No hubiera podido haber ayudado a Julio, ni a otros, si antes yo no hubiera llegado al programa un lunes de abril de 1979. Me llevaron a dos grupos, antes de que llegara al que hoy es mi Grupo Base. Me explicaron en arroz y habichuelas los datos básicos que me ayudaron a quedarme. Me sentí cómodo inmediatamente, pues los historiales se hacían en primera persona. No escuché el ustedes, o el usted y mucho menos el tú. Cuando lo creyeron conveniente me sugirieron que compartiera mis experiencias con el grupo. Me habían abierto las puertas. Hablé con libertad y me sentí parte de ellos, a pesar de mi lastimosa situación. Por eso no olvido mi pasado y trato de llevar el mensaje a los alcohólicos que aún sufren.

Pedro V. | Arecibo, Puerto Rico

ENERO / FEBRERO 2014

Conocimiento

PRACTICA LOS PRINCIPIOS Y SE FORTALECE

Empecé a darme cuenta de que es grato servir ayudando en mi grupo, pasando la aspiradora o limpiando las mesas. Durante el servicio del café me daba mucho miedo pasar con las tazas entre los compañeros, pero, con nervios y todo, lo hice. Eso fue muy gratificante para mí, me di cuenta de que, al servirle a los compañeros una taza de café, y que me pidieran más, yo me sentía importante.

En ese momento entendí que el servicio me había regalado el conocimiento de cómo vencer el miedo. Aprendí que enfrentar el miedo era la única manera de vencerlo. Ahora sé que cuando los miedos surgen, yo los puedo trascender; así me he mantenido en los servicios a veces flaqueando, otras no.

En uno de esos momentos de duda, en los que no quería hacer servicio, mi madrina me dijo que el día que se manifestara un servicio y yo no levantara la mano ofreciendo mi disponibilidad para lo que sea necesario, ese día yo no estaba valorando mi vida.

El servicio me ha ayudado a mantenerme sobrio en AA. No solo eso, sino que cumplir con el servicio me permite conocerme a mí mismo de una manera más profunda, familiarizándome con mis defectos y virtudes, así como mis temores.

Recuerdo que yo acostumbraba a preguntarle a las personas, en quienes tenía confianza, que me dijeran si yo era un buen o mal ser humano. Ahora no necesito preguntarles, pues he aprendido a mirar dentro de mí, a darme cuenta de que hay cosas malas que tengo que desechar y las buenas mejorarlas.

Por el conocimiento que he adquirido yo estoy muy agradecido al programa de AA. Practicando los Pasos me ha fortalecido espiritualmente, hoy sé que soy una persona privilegiada, ya que pertenezco a Alcohólicos Anónimos y por eso doy Gracias a Dios.

Eduardo P. | Watsonville, California

ENERO / FEBRERO 2015

Pasión, servicio y baile

CELEBRANDO LA VIÑA, REÚNEN 700 SUSCRIPCIONES EN UNA NOCHE

Durante uno de esos "momentos grises" en la sobriedad, un amigo me sugirió que todos los días repitiera estas palabras: "Por favor, ayúdame a dejar de lado todo lo que creo que sé de mí, todo lo que creo que sé de Ti, y todo lo que pienso que sé acerca de la recuperación y cambiarlo por una nueva experiencia dentro de mí, una nueva experiencia en Ti, y una nueva experiencia en Alcohólicos Anónimos".

Bueno, recientemente tuve una nueva experiencia en AA, en Las Vegas, en el dieciocho aniversario de La Viña. Yo nunca había estado en un evento de AA en español. No tenía idea en lo que me estaba metiendo. Me limité a decir que sí a una petición de AA.

Como delegada del estado de Nevada, área 42, tuve el privilegio de abrir el evento, con algunas palabras de bienvenida a todos los participantes. Después tomé asiento y me puse los auriculares y un receptor, mi conexión con el intérprete de español al inglés. ¿Qué se siente? ¡Pasión! Pasión por el poder de La Viña como una herramienta de Paso Doce, una profunda gratitud y respeto por nuestros cofundadores y una feroz responsabilidad personal para llevar el mensaje a los alcohólicos que aún sufren.

La verdad es que yo no necesitaba de los auriculares para sentir el amor y el compromiso que emanaba de este evento, pero gracias a ellos llegué a comprender que La Viña es el foro vivo de la comunidad de habla hispana. Al igual que el Grapevine, La Viña está llena de nuestras historias, opiniones, y arte, pero las culturas hispanas se expresan de forma única. La Viña definitivamente tiene su propia identidad.

¿Suena demasiado en serio? Tuve que reír cuando me di cuenta de que yo necesitaba cinco segundos más para reírme de un chiste, y tuve que reírme otra vez cuando me di cuenta de que era la única riéndose, en el salón, de un chiste por el que ya todos hacía rato habían soltado una carcajada. Más tarde, desde el podio, me reí de mí misma otra vez cuando traté de hacer una broma, sin darme cuenta de que no tenía sentido en español.

Traducir un idioma es traducir la cultura. Los miembros de AA bilingües que prestaron servicio para interpretar todo el fin de semana trabajaron con el "lenguaje del corazón". Estos compañeros recibieron a los miembros que no hablan español con los brazos abiertos y nos hicieron sentir igual parte de un todo.

Estoy muy agradecida por su disposición a compartir sus conocimientos y prestar servicio de esta manera. Para aquellos que no han probado este servicio, ¡por favor, disfruten de esa oportunidad! No estamos buscando la perfección, solo la voluntad. Usted puede ser un puente que le permita a un alcohólico relacionarse con otro.

¿Qué tal una cena acompañada de mariachi? ¿Qué tal un baile después de la cena? ¿Y, cómo describir las sonrisas en los rostros de los niños, los jóvenes y de los que, como yo, ya casi tienen el cabello blanco? Al son de una canción tras otra, llenamos la pista de baile, que se desbordaba sobre la alfombra.

Yo estoy acostumbrada a bailar rock and roll, por mi cuenta. ¿Y qué, si yo, sin querer, le pisé los pies a mi pareja de baile? Muy pronto una mujer que sabía los movimientos vino en mi ayuda. Todo era amor y servicio, ¡Qué gran noche!

La Viña es una revista bimensual que está creciendo. Entre 2011 y 2014, la Comunidad de AA compró más de 2.000 nuevas suscripciones. Los alcohólicos que se recuperan con el programa de AA utilizan la revista como una herramienta para llevar el mensaje.

En ese mismo período, el Grapevine perdió más de 14.500. Debo preguntarme a mí misma: ¿Tengo una suscripción al Grapevine?, ¿Estoy haciendo el trabajo de Doce Pasos?, ¿Estoy disponible para los alcohólicos que no han encontrado AA todavía?, ¿Estoy experimentando el poder del Grapevine como herramienta de Paso Doce?

Mi Quinto Paso dice: "Sí, un poco, no del todo". Hoy veo nuestras revistas como herramientas para salvar vidas. Necesito las herramientas para hacer el trabajo que me salvó la vida y las vidas de otros.

Por cierto: en este fin de semana se vendieron más de 700 nuevas suscripciones a La Viña.

El domingo por la tarde llegó el momento de decir adiós. Yo estaba intercambiando abrazos con una mujer a la que conocí en el baile en la noche del sábado. Nos estabamos riendo cuando ella dijo: "Hice un video de nosotros bailando". Oh Dios, mi cerebro se puso a mil por hora pensando "nadie me pidió permiso, y ¿qué pasa con el anonimato? Pero me limité a decirle: "Por favor, no lo pongas en el Internet". Ella sonrió y me dijo: "No, esto es para mí. ¡Esto es para mostrarle a mi hija que podemos divertirnos estando sobrias!"

Gracias al Distrito 21 y a todos los que asistieron a la celebración por regalarme esta nueva experiencia en mí, una nueva experiencia para usted y una nueva experiencia en Alcohólicos Anónimos.

¡Felices 24 horas de sobriedad!

S. K. | Bishop, California

ENERO / FEBRERO 2010

La mano que ayuda

BUSCAR UNA MADRINA FUE FÁCIL, ENCONTRAR UNA AHIJADA ES OTRA HISTORIA

Conocí a la mujer que sería mi madrina cuando yo tenía nueve días sobria. No me acuerdo lo que ella me dijo esa noche, pero tuve el presentimiento de que esta mujer tenía la cabeza bien puesta.

La llamé cuando tenía doce días, porque no sabía qué otra cosa hacer. Me dijo que tenía otros planes esa noche, pero me sorprendió, pues se apareció en mi junta. Como no quedaban más sillas, nos sentamos en el piso. Al salir le pedí que fuera mi madrina. Me abrazó, diciéndome: "¡Dios te trajo a mí!"

Ha sido mi madrina desde entonces y es una de las personas más importantes en mi vida.

Cuando logré tener un año sobria, ambas empezamos a buscar a alguien que pudiera ser mi ahijada y así tener la oportunidad de compartir la experiencia desde el otro lado.

Al principio busqué entre las nuevas, preguntándoles si tenían madrina y diciéndoles que estaría feliz de serlo, en el caso de que ellas no la tuvieran todavía.

Un compañero con muchos años de sobriedad me sugirió que quizá mi manera de acercarme era un poco intimidante. Acepté la sugerencia y decidí entonces que, si había nuevas en la junta, les daría mi número de teléfono ofreciéndoles mi ayuda sin presionarlas. Tampoco tuve suerte.

Dejé mi nombre en los libros de servicios como madrina temporal y muchas veces presté mis servicios como enlace con los nuevos en mi grupo base. Pero otra vez no tuve suerte.

Finalmente, mi madrina encontró a una mujer que acababa de salir de rehabilitación; siguiendo las indicaciones de mi madrina, la invité a tomar un café. Después de unas semanas, la mujer me pidió ser su madrina. Sin embargo, nunca me llamó por teléfono.

Queriendo ayudarla, la llamé y, luego de una semana, le pedí que ahora me llamara ella. Entonces dejó de llamarme definitivamente.

Ella y yo nos topábamos en las juntas y al terminar salíamos a comer algo. Al cabo de dos semanas no se apareció en la reunión, pero sí aceptó encontrarse conmigo para tomarnos un café.

De nuevo le sugerí que me llamara, puesto que así yo podría disponer de tiempo para compartir con mis amigos. Le ofrecí reservarle un tiempo en mi agenda todas las semanas para que nos reuniéramos a platicar.

Ella dejó de ir a las reuniones a las que yo iba y entonces ya no nos reuníamos para tomar café.

Tuve que darle la noticia que ya no podía ser su madrina a través del teléfono en un mensaje que le dejé en la contestadora, porque ella no me había devuelto las llamadas que le había hecho.

Tenía los sentimientos heridos y mis expectativas eran muy altas. Nada de lo que yo haga o diga puede controlar la conducta de las otras personas. Esta fue una buena oportunidad para aplicar la frase “Vive y deja vivir” que me recuerda que la única meta es prestar un servicio a los demás.

Nueve meses pasaron y yo continué dando mi número de teléfono en las reuniones y cumpliendo servicios como coordinadora de apadrinamiento. Sin embargo, mis servicios como madrina no fueron solicitados.

Muy pronto observé a compañeras que había visto en su proceso de contar días y me di cuenta de que ya tenían una o dos ahijadas.

Hace poco, una mujer que no había bebido en cuatro días llegó a mi grupo base. La invité a tomarse un café a la salida. Ella manifestó mucho acerca de la relación entre madrina y ahijada y le ofrecí ser su madrina. Aceptó, siempre y cuando esto no fuese problema para mí. Le contesté que no había problema, siempre y cuando tratara de por favor llamarme antes de las dos de la madrugada.

No me hizo ninguna llamada; la veía en las juntas y le preguntaba que cómo le estaba yendo. Se mostraba dispuesta a compartir conmigo en persona, pero no podía tomar el teléfono para comunicarse conmigo.

Una semana más tarde la vi salir apresurada de una reunión. Me acerqué y le pregunté si todo estaba bien. Se notaba nerviosa. Me contó que había estado llamando a otra compañera en el programa y que estaba trabajando su Primer Paso. Tenía una madrina, pero no era yo.

Aunque a veces me siento frustrada porque no tengo ahijada, me da mucha satisfacción practicar el Paso Doce.

Comparto en las juntas, sigo ofreciendo mi número telefónico y mi nombre está apuntado en los libros de apadrinamiento de los grupos de la ciudad. He contestado llamadas de Paso Doce.

También sigo prestando servicios como coordinadora en los comités de apadrinamiento, además de ser secretaria y tesorera en mi grupo base.

Me gusta mucho salir a tomar café con los compañeros al final de las reuniones, saludo a los nuevos y hago un esfuerzo especial por recordar sus nombres. Muchas de las personas a quienes conocí cuando aún temblaban y sudaban hoy cuentan con más de un año de sobriedad. Recuerdan que les miré a los ojos, les di la bienvenida y les di la mano.

Como ahijada, soy feliz; como madrina, estoy sorprendida. Quizá nunca llegue a ser madrina de nadie, pero eso no me impedirá extender la mano y darles la bienvenida.

Elizabeth H. | New York, New York

CAPÍTULO 5

PASE LO QUE PASE

La vida no pregunta si estamos preparados para sus pruebas. La pérdida de un ser querido, una enfermedad inesperada, el fracaso o la incertidumbre pueden golpearnos sin aviso. Pero hay una verdad inquebrantable para quienes hemos encontrado la recuperación: pase lo que pase, no bebemos.

El dolor y el caos pueden golpearnos fuerte, pero no estamos solos. Un Poder Superior nos guía si confiamos en Él y seguimos Su voluntad. En AA aprendimos que el alcohol no era la salida. La verdadera respuesta está en la fe que nos sostiene cada día y en un programa espiritual que nos acompaña incluso en las noches más oscura

Eulalio G., en la historia Sucedió en Navidad, nos recuerda que la sobriedad, incluso en tiempos difíciles, puede ser nuestra mayor bendición: "Aún con pruebas de gran dolor, angustia y desesperación, sigo pensando que mis treinta y dos años de sobriedad son mis años de gloria". De igual manera, René V., en "Aunque llueva o truene", enfrentó una de las pruebas más dolorosas que un padre puede vivir: la pérdida de un hijo que no logró la sobriedad. A pesar del inmenso dolor, se mantuvo firme en su recuperación: "Si conoces el programa y lo practicas, puedes conseguir lo que te ofrece: no solo sobriedad alcohólica, sino también sobriedad espiritual y la fortaleza para enfrentar cualquier acontecimiento por grave que sea".

La sobriedad no nos libra del dolor, pero nos regala las herramientas para enfrentarlo con dignidad y sin escapar. Porque el verdadero milagro no es solo dejar de beber, sino aprender a vivir de una forma diferente, más consciente, más libre, más plena.

NOVIEMBRE / DICIEMBRE 2017

Dulce serenidad

EN EL DOLOR MÁS GRANDE ENCUENTRA ACEPTACIÓN Y FORTALEZA

Buenos días, mi nombre es Nuria y soy alcohólica. Así es como siempre comienzo, tanto las intervenciones en el grupo, como los escritos que, a lo largo de este tiempo, he hecho. No es excepcional reflexionar acerca de mi recuperación, es una práctica habitual para mí, pero hoy, sin duda, esta reflexión adquiere un significado especial debido a la experiencia que he vivido esta semana.

El miércoles perdí a mi padre, hace diez años a mi madre. La muerte de ella supuso, aunque no fue el único detonante, el comienzo de mi carrera alcohólica, en la que permanecí durante los peores años de mi vida. La muerte de él, la vivo en absoluta sobriedad, y esta abismal diferencia que existe entre dos hechos similares y tan transcendentes en la vida de cualquier persona, me hace reflexionar en los términos en los que voy a hacerlo, diferentes sin duda de cómo hubieran sido de no haber pasado hace solo unos días por este, permitidme decirlo así, mal trago.

Entre una fecha y la otra hay una diferencia grande, inmensa: la que marca el alcoholismo vivido entre ambas y otra, que es la recuperación, que me llena de satisfacción tras haber abandonado el infierno en el que, como vosotros, viví.

De aquella mujer, que con tanto miedo se enfrentó a la ausencia de un ser querido, no queda ya casi nada, algunas cosas que tampoco son malas, la esencia primera que me ha hecho sentir siempre que no soy mala persona, a pesar de tantos errores. Ahora me enfrento a otra ausencia con una palabra que puedo aplicarme y que tanto tiempo he deseado llevar conmigo: la SERENIDAD. Estoy, soy y me siento serena, que para mí es mucho más que estar sobria, que eso lo llevo estando ya un tiempo apreciable.

Pero la serenidad real, la de verdad, que me ha costado mucho más trabajo conseguirla, me acompaña desde hace poco.

La mía ha sido una recuperación lenta, errónea en un principio, porque quise darme prisa en resolver todos mis errores y sentirme bien, y en esto no hay lugar para las carreras, este es un camino largo y que hay que andar despacio para dar pasos firmes y seguros. Durante este tiempo no he tenido recaídas alcohólicas, pero sí emocionales y siempre he tenido a mi lado a compañeros que me han indicado la mejor forma de seguir.

Cuando mi padrino empezó a serlo, me aconsejó que me detuviera, que volviera al principio, al Primer Paso, y que no intentara hacer el programa de cualquier manera, que dejara que él entrara en mí. De esta forma volví a hacer ese Paso que me dice no solo que acepte mi alcoholismo, sino que acepte también que mi vida era ingobernable. Desde ese momento han pasado unas cuantas veinticuatro horas y, sin duda, cuando abrí mi alma al programa, cada Paso comenzó a entrar en mí y poco a poco fui teniendo la mente clara, las ideas centradas y los vaivenes emocionales controlados.

He aprendido que mi mejor aliado es el tiempo, que la humildad es fundamental para conseguir la aceptación de mi pasado, de mi vida, de los sinsabores, de los fracasos, de las frustraciones y de todo lo que no depende de mí. He aprendido que, poco a poco, todo pasa y todo llega, que los problemas se enfrentan bien cuando permito que un Poder Superior guíe mis pasos.

He aprendido a buscar mis defectos de carácter y a aceptarlos, y he entendido y constatado que hablarlos con mi padrino me ayuda a verlos aun más claros y a desear despojarme de ellos. He aprendido que, además, puedo cambiarlos si estoy enteramente dispuesta a hacerlo, y que mi Poder Superior me ayuda a liberarlos si yo me dejo ayudar, si soy lo suficientemente humilde.

He aprendido que he hecho daño y me lo han hecho, que soy libre cuando consigo perdonarme y perdonar. Que saber pedir perdón es mucho más importante, me perdonen o no, y que quizás puedo reparar algún daño de los causados, aunque solo sea estando bien, haciendo que el mundo me vea bien, me vea sana y cumpliendo con mis responsabilidades, como nunca hasta ahora había sido capaz de hacerlo. He aprendido que me puedo equivocar porque soy humana, pero que puedo reconocer mis errores en el acto y corregirlos tanto como me sea posible.

He aprendido que, con un Poder Superior a mi lado puedo tener la fortaleza necesaria para cambiar mi vida, sobreponerme al dolor y aceptar lo que me llega, sea lo que sea, porque "Todo pasa por algo", aunque no sea capaz de saber el por qué de algunas cosas. He aprendido que no soy omnipotente, que no puedo sola con todo, que no soy Dios, que no puedo arreglar el mundo ni la vida de nadie, pero puedo estar cerca por si me necesitan. Y también, he aprendido que este tiempo entre todos vosotros me da la experiencia necesaria para poder contarles a otros cómo se puede dejar de beber si uno quiere, y es esa la razón de que todo esto tenga sentido, que sirva y haya servido para tantos y tantos otros alcohólicos como yo.

Por resumir, en estos años he aprendido a vivir, la serenidad ha ido llegando, y solo de esta forma he podido enfrentarme con entereza a la desgracia vivida, segura de que en AA estoy en las mejores manos, segura de que el programa para mí es una forma de vida, que lo quiero, lo deseo, que me ayuda a ser mejor persona y que de ello se benefician los míos.

No soy nadie para dar consejos, compañeros, pero si alguno de vosotros no ha empezado a caminar por el programa, le recomiendo que lo haga, porque todo lo que va a recibir es bueno, si se deja llevar por estos Doce Pasos; que cuanto más los leo más dicen, cuanto más me dicen, más reflexiono, cuanto más reflexiono más mejora mi vida, y cuanto más mejora mi vida, más serenidad obtengo, llegando a poder entender plenamente el significado de decir: Dios, concédeme la Serenidad para cambiar las cosas que no puedo cambiar, Valor para cambiar aquellas que puedo, y Sabiduría para reconocer la diferencia...

Gracias.

Nuria S. G. | Gijón, España

NOVIEMBRE / DICIEMBRE 2014

Paso a paso

DESPUÉS DE UNA TRÁGICA DERROTA, ENCUENTRA UNA NUEVA FORMA DE VIVIR

Nací en el estado de Guerrero, México, en el año 1953. Crecí ayudando a mis padres en una hacienda, sembrando, cosechando y cuidando animales. A la edad de catorce años comencé a tomar licor fuerte, de 96 grados. Lo hice por dos razones: porque mis amigos me invitaron, ellos me decían que beber me haría hombre, y porque yo no veía el problema, tomar vino era normal y parte de la costumbre.

A esa edad, entre los catorce y dieciocho años, tomaba de vez en cuando y no me emborrachaba como los demás. Pero al final de esa época sufrí una decepción a causa de una novia, y entonces bebí para emborracharme. Ahí aprendí que el alcohol me ayudaba a olvidar las penas y otros problemas más. Comencé a tomar y a emborracharme cada fin de semana.

Pronto descubrí una receta para no emborracharme como los demás y así controlar la situación, cuando alguien buscaba pelea. Durante diez años bebí sin problemas, comiendo carne de novillo, cocinada con limón, verduras y sal.

Estuve cinco años casado, y tuve dos hijas, pero cuando el matrimonio se terminó, los problemas con el alcohol comenzaron. Me olvidé de mi receta y empecé a tomar más de la cuenta, mi vida estaba fuera de control. Mi problema creció y creció sin que yo buscara nunca ayuda.

Un día de marzo del año 1982 le quité la vida a una persona, ese mismo día me pusieron en prisión y fui sentenciado a quince años a vida.

Desde el primer día de mi encarcelamiento ya no volví a tomar licor. Tres años después, puse mi nombre en la lista de AA, pero no había lugar, hasta que en 1990 comencé a pertenecer al grupo de Alcohólicos Anónimos.

Al principio, yo no quería aceptar que era alcohólico. Transcurrieron los años y gracias al estudio de los Doce Pasos, me di cuenta de que yo tenía un problema con mi forma de tomar alcohol, y que esto me había llevado a quitarle la vida a una persona.

¡Hoy estoy arrepentido! Las actitudes criminales quedaron atrás; hoy aplico los Doce Pasos en mi vida con las actitudes correctas: honradez, respeto, humildad y compasión. Vivo feliz con mi sobriedad en AA.

Los Pasos 1, 2 y 3, son la base para solucionar mi problema de alcoholismo. Decidí, con humildad, entrar a AA, porque me di cuenta de que tenía un problema con mi forma de beber licor.

Yo sabía que solo no podía cambiar, tuve que encontrar un Poder Superior para que me ayudara a cambiar mi vida, ese fue mi Segundo Paso.

En el Tercer Paso, puse mi voluntad a disposición de ese Poder, para que me ayudara con mi adicción alcohólica.

Los Pasos 4, 5, 6 y 7 requieren de mi disciplina. Hice un examen interior y una lista de mis defectos de carácter, de mis instintos naturales retorcidos y, muy importante, de todas las personas que ofendí en el pasado. En el Quinto Paso confesé todos mis defectos de carácter de la lista del Cuarto Paso, delante del grupo y de Dios, o mejor dicho enfrente de ustedes y Dios como testigo para mantener mi sobriedad. Los resultados me han permitido recibir y conceder el perdón.

Aprendí que estos instintos naturales defectuosos, soberbia, avaricia, enojo, gula, intolerancia, envidia y pereza, son mis activadores interiores. Los exteriores son los lugares, la gente, y las cosas.

Aquí, en estos Doce Pasos, aprendo a contrarrestar mis activadores y permanecer lejos del peligro de recaer.

Inocente M. | Blythe, California

MARZO / ABRIL 2011

Encontré una familia

OBSERVANDO A LOS MIEMBROS DE UN GRUPO, RECUPERA LA ESPERANZA

Tenía yo un tiempo no muy largo en Alcohólicos Anónimos, y no estaba muy convencida de lo que escuchaba en el grupo en el que nací. Asistía a las reuniones para pasar el tiempo pues no conocía a nadie y porque, sin familia a mi lado, no tenía donde ir. Recuerdo que en ese grupo había una persona que no me quería. ¡Ella me decía que ese no era mi lugar!

En esa junta asistía un hombre, un viejo, al que yo no le entendía nada de lo que hablaba, me enfermaba tan solo escucharlo, y verlo tan tranquilo me molestaba. Yo misma me preguntaba ¿Qué hago aquí?

Un día, cerca de donde yo vivía, en casa de una conocida tuvimos una plática y ella me decía: "No vaya a alcohólicos anónimos, no pierda su tiempo, ahí no encontrará nada bueno, solo borrachos, que están locos". Mientras la escuchaba, apareció en la puerta su hija de 14 años, asustada, llorando. La muchacha dijo: "Mamá, ¿qué crees? A mi amiga la acaban de desconectar, ya no se pudo hacer nada, y en cualquier momento le hablan a su papá y le dan la noticia. El no sabe que ella era drogadicta y por eso cayó en estado de coma". Nos quedamos en silencio, y luego me fui al grupo.

Me senté como siempre al frente de la tribuna, había mucha quietud, levanté la cara y vi al viejo que yo no consentía en escuchar, ese día estaba muy triste, casi con lágrimas en los ojos. Y en ese momento compartió: "Mi hija está en el hospital, los doctores ya no pudieron hacer nada por ella, ahora está muerta". Hubo un silencio que me dio frío.

Breves momentos después escuché: "Pero aquí me han dicho muera quien muera, nazca quien nazca no hay que beber, y yo quise estar aquí con ustedes, llenándome de fortaleza, mi hija está muerta y yo tengo que seguir con mi sobriedad". Me quedé pensando: "¿Qué hay aquí?" Ya no sentí frío, rezamos un padre nuestro y lo abracé y le di las gracias por su experiencia y fortaleza, y me dije: "Me quedo aquí, no sé si gane o pierda, pero le haré caso a mi padrino".

Bueno, yo adopté a este hombre como padrino porque el me ayudó a quedarme, me decía aquí encontrarás a Soledad, busca quien eres, trabaja tus pasos, encontrarás a tu Poder Superior, el amor y todos tus sueños. Y así fue, encontré una familia, amigos de verdad, muchos, borrachos, claro, pero con recuperación, que me dan amor y tolerancia.

Y yo sigo buscando más felicidad, en los servicios generales, con padrinos de pasos y servicio. Porque no solo tuve un despertar espiritual, también encontré una esperanza para mis hermanos enfermos.

Me despido de los campeones que están en la lucha por la sobriedad. Hasta pronto; los amo de verdad.

Soledad P. | Seaside, California

Sucedió en Navidad

RECUERDA LA DERROTA QUE LE DEVOLVIÓ LA VIDA

En 1975, llegué a AA con treinta años de edad y lo que considero treinta años de infierno. He cumplido treinta y dos años, como decimos muchos, limpio de polvo y paja, es decir, de sobriedad continua. En las dos vidas que he tenido, la de borracho y la de sobrio, me he enfrentado a grandes pruebas, desafíos, peligros y muchas veces hasta acarreando a la misma muerte. Pero hoy sé que Dios me concedió un espíritu fuerte, valiente, firme, decidido y muy perseverante. Siempre me ha gustado perseverar en lo que me propongo hasta las máximas consecuencias.

Conocí el alcohol con apenas siete años. No me gustó mucho su sabor, pero sí el efecto y decidí seguir con esa aventura, queriendo encontrar en ella la verdadera felicidad y el gozo. Recorrí el sendero del alcohol, enfrentándolo y desafiándolo todo, justo hasta el límite final del desastre. Conocí todas las cárceles de mi país Guatemala, y muchas de varios países de Centroamérica e incluso de México. Engañé a muchas mujeres, queriendo encontrar la felicidad en los placeres. Lo intenté todo hasta que agoté mi último esfuerzo.

Cuando me di cuenta de que ya no quedaba ninguna alternativa, estando dentro de la cabina de un viejo auto, me incliné hacia ese Dios que siempre rechacé y en el que nunca había creído. Desde el fondo de mi corazón le pedí que si de veras existía que se manifestara y me concediera una de dos cosas: que me quitara el vicio o la vida, porque ya había intentado algunas veces quitármela, pero me faltaba valor.

Logré pasar la Navidad de 1975 sin beber, sin conocer a AA. Mi desesperación y condición eran indescriptibles, terribles e insoportables, por lo que decidí nuevamente suicidarme la

Nochevieja de ese año. Sin embargo, cuando iba a realizar mi plan, ocurrió un milagro, pues descubrí un grupo de AA en la capital de mi país.

Entré al grupo lleno de dudas, aunque muy decidido. Ya me había declarado derrotado ante el alcohol y sabía que solo no podía superar mis problemas, así que decidí quedarme en AA y perseverar con el mismo ahínco que había utilizado con el alcohol.

Empecé a asistir a muchas juntas todos los días sin faltar a ninguna. Descubrí que esa práctica me ayudaba a sentirme bien y seguro por veinticuatro horas. Le doy gracias a Dios por haberme permitido descubrir esto y aun más por la sobriedad que he alcanzado. También agradezco a los compañeros de Guatemala, California y Tejas, donde he vivido, por mantenerme siempre ocupado con el privilegio de algún servicio, que es el verdadero cimiento sobre el cual puedo y he podido edificar mi vida. He llegado a servir como delegado en la novena Conferencia Nacional de Guatemala y en varios servicios en California y Tejas.

Como dije, en mis veintitrés años de alcoholismo activo, pasé por el infierno y esa vida me dejó grandes problemas. Durante mis años sobrios en Guatemala, tuve que enfrentarme a una persecución constante de la policía nacional y judicial y con muchos maleantes. Tuve problemas con mi pareja y estuve en el terremoto de Guatemala de 1976, en el que murieron muchos familiares míos. En 1979, huí de mi país por la persecución que sufría, dejando atrás a mis padres, mis hijos y a mi esposa. En México conseguí papeles falsos para cambiar de identidad y crucé a los EE.UU. por el desierto con la ayuda de un "coyote". Por haber sido siempre gordito, me tuvieron que arrastrar el último trecho y nos dejaron en el monte. Tenía el cuerpo completamente tieso e inmóvil. Cuando trajeron algo de beber era solamente cerveza. Tuve que aguantar una tremenda sed, sin tomar una sola gota, acordándome de lo que me habían dicho los compañeros: "Recuerde que un AA no bebe pase lo que pase, haya tormenta, lluvia, relámpagos, nazca quien nazca o muérase quien se muera".

En los EE.UU. trabajé mucho hasta que pude traerme a mis hijos y esposa. Por falta de papeles no pude ir al entierro de mi padre y en 1988 mataron a mi hijo Walter en un asalto. Él era muy especial para mí, porque lo había recibido en mis propios brazos cuando nació a bordo de una ambulancia, estando mi esposa y yo solos camino al hospital. Para mí siempre fue un orgullo contar esa experiencia en mi vida. Quién se iba a imaginar que diecinueve años después lo vería morir también en mis brazos. Puedo asegurarles que es uno de los peores dolores que he tenido que sufrir. Además, Walter era donante de órganos y tuvimos que andar después de hospital en hospital durante una semana. Al fin me entregaron lo que quedaba de mi hijo y mi estado de ánimo se desmoronó completamente como consecuencia.

Ese año, mi esposa también decidió abandonarme e irse con otro, con el que vive hasta el día de hoy, a pesar de que procreamos siete hijos. También ese año me enteré de que mi hija había sido abusada cuando tenía cinco años y eso me dolió tanto como la muerte de mi hijo Walter. Pero la práctica constante de los Doce Pasos, la asistencia diaria a las juntas de AA y el servicio, me dieron la fuerza para seguir adelante sin mirar hacia atrás. Aun con estas pruebas de gran dolor, de angustia y de desesperación, sigo pensando que mis treinta y dos años de sobriedad, si es que se les puede llamar así, son mis años de gloria.

No quiero parecer el mejor miembro de nuestra Comunidad, ni deseo que otros me imiten. Solo quiero decir que si ponemos alma, vida y corazón en lo que nos proponemos, no me cabe la menor duda de que venceremos.

Ruego a Dios que dé orientación, fortaleza, sabiduría y perseverancia a cada uno de los miembros de la gran Comunidad de Alcohólicos Anónimos.

Eulalio G. | San Angelo, Texas

NOVIEMBRE / DICIEMBRE 2023

La tierra prometida

DESPUÉS DE SUFRIR UNA INIMAGINABLE TRAGEDIA, EL PROGRAMA LE DEVUELVE LA FE Y LA ALEGRÍA DE VIVIR

Mi nombre es Rubén V. Empecé a beber a los catorce años, y a los diecinueve años ya estaba consumiendo cocaína. A muy temprana edad ya era un bebedor fuerte con muchos problemas y haciendo sufrir a mis seres queridos. Me gustó mucho la sensación que adquiría del alcohol y las drogas. Nunca estaba en mi plan dejar de beber.

A los veintiocho años, ya con tres hijos, por cosas del destino, me tocó vivir una experiencia que cambió mi vida.

Un fin de semana feriado, un borracho atropelló a mi hijo de seis años, el día que festejábamos su cumpleaños. Mientras los adultos pasaban un rato juntos, los niños jugaban con una pelota que voló a la calle. Por esa razón mi hijo corrió tras ella sin que nos diéramos cuenta. Cuando de repente, escuchamos un golpe y el rechinar de las llantas de una troca que huía después de haberlo atropellado.

Mi hijo murió y con él yo también morí. Por tres años bebí y me drogué porque era lo único que me mantenía a salvó de volverme loco y no suicidarme. Por si no fuera poco, mi esposa me abandona y me deja a cargo a mis dos hijos.

Gracias a mi Poder Superior que se manifestó en mi vida, pude llegar al grupo Nueva Vida, de Chicago, y poco a poco mi vida empezó a cambiar. Gracias al programa de los Doce Pasos, hoy mis hijos ya crecieron y son exitosos y yo me he vuelto a casar con una buena mujer.

Hoy quiero vivir. El programa me enseñó que la vida es bella y vale la pena luchar por ella.

Cuenta una historia en la Biblia sobre una comunidad, un grupo de hombres y mujeres escogidos por un Dios. Una comunidad que buscaba ser libre, pues eran esclavos de un opresor. Esta comunidad se cansó de sufrir y le pidió a Dios, su Poder Superior, que los liberase. Él escuchó sus plegarias y les prometió salvarlos. Les ofreció la tierra prometida.

No fue fácil, pues hubo hombres de poca fe. Sin embargo, después de mucho sacrificio llegaron a su destino.

Así, nosotros en AA, fuimos esclavos de un opresor, de un Minotauro que nos mantuvo atrapados en un laberinto de pena y sufrimiento. Fuimos esclavos de un dictador que nos robó noches enteras de paz. Se burló de nosotros y de nuestras familias trayendo caos e ingobernabilidad. Se apoderó de nuestras vidas, pensamientos y de nuestro sano juicio.

Gracias a Dios que existen estos grupos de recuperación. Pues para mí, el haber llegado a AA es haber llegado a la tierra prometida. No fue fácil. Dudé de que en verdad existiera. El miedo obstruyó mi camino, pero ustedes me devolvieron la fe. Volví a creer. Sembraron en mí esperanza. La tierra prometida existe, así como Dios lo prometió. Somos escogidos por Dios para llevar un mensaje de vida a aquellos que aún sufren.

Dios, como yo lo concibo, nos da la oportunidad de abrir camino a esas personas y ayudarlas a mejorar su vida a través del programa de recuperación. Lo único que nos pide es tener una buena voluntad y seguir viviendo a través de los Tres Legados ya sembrados.

Rubén V. | Chicago, Illinois

SEPTIEMBRE / OCTUBRE 2019

La segunda vez

LA BORRACHERA SECA LA LLEVÓ, LITERALMENTE, A LAS PUERTAS DE UN GRUPO

Mi nombre es Úrsula, soy alcohólica. Reciban un cordial saludo todos mis compañeros alcohólicos. Yo vengo de una familia con educación profesional; mi papá era doctor, mi mamá es enfermera.

Crecí con mi mamá. Era una niña tímida y aislada de la gente hasta que cumplí trece años de edad. Tuve contacto con el alcohol en una Navidad y me gustó el efecto que me hizo: se me quitó el miedo, me dio alegría y me sentí segura. Empecé tomando bebidas dulces y suaves.

Yo vivía en Tijuana, México. Salí embarazada a los diecisiete años y ahí empezó mi desequilibro emocional. Quería morirme porque mi papá me corrió de la casa. Mi mamá vivía en los Estados Unidos y me llevó a vivir con ella. Acá empecé a tomar más y más hasta perderme en las calles. Después de unos años me casé; mi esposo era AA y un día me llevó a su grupo. Me acuerdo de que ese día preguntaron si había un nuevo y yo no levanté la mano por vergüenza, porque dije "yo no soy alcohólica", la hija de un doctor no puede estar en una sala de borrachos y viejitos que no saben nada. Tardé tres años en darme cuenta de que yo era alcohólica, que yo tenía la enfermedad del alcoholismo. Además, yo venía de una familia alcohólica por parte de mi abuelo y mis tíos.

Hasta que llegó el día que ya no aguanté y por primera vez subí a la tribuna y me identifiqué como alcohólica. Ahí empecé a conocer lo que era doble A. Cumplí mi primer año y hasta el tercero. Ese año muere mi padre y no bebí, pero caí en lo peor, en una depresión horrible. No tenía ganas de nada, no podía cuidar a mis hijos o ser una esposa, no podía cumplir con la responsabilidad de una mujer de hogar. Intenté quitarme la vida y eso fue para que mi esposo decidiera que yo era un peligro para mis hijos. Fue con la policía y me pidió que me fuera de la casa. Me pusieron una orden de restricción y me quitaron la custodia de mis dos hijos.

Tuve que dejarlos ir, y cuando los compañeros de otro grupo me invitaron a su grupo, me fui con ellos. Me hice conciencia de ese grupo y me dieron una junta de coordinación, pero siempre con mi corazón lleno de resentimientos y de venganza. No confiaba en nadie, ni en Dios. Había dejado de tomar, pero vivía una vida de infierno. Me conformaba solamente con no tomar, pero tuve que vivir mi experiencia con una borrachera seca.

Tomé malas decisiones. Tuve un novio que me dio una mala vida. Era muy celoso, machista, posesivo y me llegó a pegar muchas veces. Me metí en problemas en mi grupo por celos, porque mi novio no me respetaba, yo tenía muy poca autoestima. Pasaban los días y más me hundía en la depresión y más me llenaba de resentimientos.

Así pasaron tres años y yo ya iba a cumplir seis años en el grupo, porque en el programa no estaba ni lo conocía. Mi grupo tomó la decisión de botarme con una carta firmada por un notario público. Mi novio era el coordinador del grupo, pero él no hizo nada para que no me corrieran. A nadie le importó. Me fui a tomar y por eso mi carrera bebetoria se hizo más grave. Llegué a dormir en las calles pasando frío, hambre, no me bañaba y pedía dinero para comprar alcohol. Estaba al borde de la locura, me la pasaba en las calles toda borracha esperando que algún día un carro me atropellara. Dios no existía para mí, es más, lo había matado. Lo perdí todo, no tenía nada.

Hasta que una noche un compañero alcohólico me vio tomando al lado del grupo y se acercó a mí. Él no pensaba que estaba tomando alcohol de esa forma, curando las heridas con tequila. Yo no era feliz tomando, estaba sufriendo mucho. Él me preguntó porqué estaba tomando y le conté todo lo que me pasó. Me preguntó que si todavía quería seguir tomando y le dije que no, que ya no quería esta vida. Así que me recomendó un grupo y fui casi a la fuerza, pero sabía que AA era mi lugar.

El trece de abril de dos mil catorce llegué por segunda vez a una sala de AA. Me trataron muy bien, me dieron tribuna y por primera vez me sentí tranquila y con esperanza. A los tres meses, me fui con la madrina a hacer mi Cuarto y Quinto Paso. Por primera vez en mi vida fui honesta, saqué toda mi catarsis y ahí tuve mi despertar espiritual. Mi vida cambió por completo en todo. Poco a poco he recuperado todo lo que había perdido. Ahora me amo muchísimo y creo y tengo fe en mi Poder Superior.

Voy a cumplir tres años sin tomar y de estar en el programa. Tengo un grupo base y cuatro servicios. Aunque todavía no recupero a mis hijos, tengo la dicha que me ven bien y yo sé que ellos están contentos porque yo he cambiado con mis Doce Pasos de recuperación. Ahora vivo un día a la vez, y solo por hoy no bebo gracias a AA y a mi Poder Superior, como yo lo concibo.

Úrsula L. | Santa Ana, California

SEPTIEMBRE / OCTUBRE 2023

¿Mala suerte?

NO ASUMÍA LAS CONSECUENCIAS DE SUS ACCIONES HASTA QUE SE VE FORZADO A TOMAR UNA DECISIÓN QUE CAMBIARÍA SU VIDA

Hola compañeros, soy Miguel Ch. y soy un alcohólico más de esta gran familia. Llegué a Alcohólicos Anónimos en 1996 por tercera vez tras una persecución con la policía de La Habra.

Me detuvieron en mi casa por manejar borracho y me dieron mi tercer DUI. Yo sabía de AA, pues ya había estado dos veces anteriormente, pero no quería aceptar mi alcoholismo.

Esa noche me volvieron a mandar a AA por dieciocho meses. Regresé al grupo y ahí estaba el viejo que un día me dijo: "No te vayas, Miguel, porque vas a volver a tomar". Yo pensaba: "Este viejo me está echando la mala suerte".

Pues llegué y no quería entrar, pero algo me decía que entre. "Ese viejo está bien tranquilo ahí y tú estás sufriendo de alcoholismo y degradación. Tú necesitas más de él".

Entré al grupo y esa persona me saludó y me dijo: "Miguel, otra vez ya te agarraron". Le dije: "No, vengo a visitarlos para ver cómo andan".

Esa noche me quedé ahí y no quería sacar mi tarjeta de la corte por vergüenza. Empecé a asistir y pronto tuve que contarles la verdad. Era tan grande mi orgullo que no quería aceptar mi derrota, hasta que poco a poco lo fui aceptando y les conté mi verdad. Sí compañeros, es mi tercer DUI y hoy sí quiero cambiar.

Mi esposa ya no me tenía fe, ya la había perdido. Teníamos catorce años de casados y, como alcohólico, había aportado pura pobreza, tristeza y dolor. Tenemos tres hijos. En ese mismo tiempo la mayor tenía catorce años, el segundo diez años y el tercero cuatro años.

Comencé a coordinar una junta en el grupo y eso me ayudó mucho a mantener mi mente ocupada. Mi padrino me había dicho que eso era muy importante para mi recuperación. Empecé a asistir a mis juntas a diario por más de tres años.

Mi esposa empezó a ver el cambio en mí. Un día me preguntó a dónde iba, porque ya no llegaba borracho o drogado. Le dije muy a fuerzas, aunque yo no le quería decir todavía, pero le dije que iba a AA. Ella me contestó que le daba mucho gusto que esté yendo.

Me empecé a sentir bien en el grupo. Al principio no me gustaba porque yo decía que eran muy mal hablados, pero con el tiempo me di cuenta de que el programa era personal y que cada quien tenía que trabajar su problema, y yo tenía que respetar la manera de pensar y actuar de cada quien.

Yo era el problema y tenía que resolver el problema. Al cumplir mi primer año dentro del grupo se murió mi padre y tuve que ir a México a su velorio. Todos mis hermanos estaban tomando, como se acostumbra allá, café con tequila. Uno de mis hermanos me ofreció una taza de café, le dije que sí y me lo trajo con tequila. Cuando lo olí le dije que no lo quería y él se sorprendió.

Al día siguiente todos estaban llorando y medios borrachos, y yo estaba tranquilo, nada pasó. Me acordé de mis compañeros que me dijeron un día que, pase lo que pase, nazca quien nazca y muera quien muera, no beba y no habrá borrachera. Y así lo hice.

Regresé a EE.UU. y lo primero que hice fue ir al grupo en la noche y compartirles a mis compañeros. Me sentí muy bien con los alcohólicos que me animaron y me dijeron: "No pasa nada, Miguel, síguele cayendo que van a venir más pruebas".

Mi hija mayor entró al High School y fueron cuatro años de tormento, ya que sin alcohol los problemas se empiezan a ver en vivo y a todo color.

No me gustaba la rebeldía de mi hija. Pasaron cuatro años de estudios y, cumpliendo dieciocho años, se nos fue perdida por dos meses con el novio, sin saber a dónde. Yo corrí donde mi padrino para desahogarme, y mi esposa llorando preguntándome qué íbamos a hacer.

El padrino me dijo: "Miguel, los hijos son prestados por Dios y, después de los dieciocho años, ellos van a hacer su vida y tienes que dejarlos que tropiecen los tropiezos de la vida. Son el crecimiento espiritual de cada uno de nosotros. Te voy a decir que si regresa en dos meses, ayúdala; y si le va bien y ya no regresa, dale la bendición, pero en dos meses te va a hablar".

Así fue, como que era brujo. La ayudé y hoy se juntó con otro muchacho. Viven juntos y trabajan los dos.

Mis otros dos hijos, el mediano se graduó de maestro el año pasado y el más chico está estudiando en el colegio. Esto es lo que me ha dado Alcohólicos Anónimos.

Tengo una esposa muy linda que me aguantó todo mi alcoholismo por catorce años y hoy la quiero más porque siempre me sigue apoyando.

Hoy tengo el servicio de Secretario de La Viña del Distrito 24, Área 09, medio Sur de California. Estoy muy contento de pertenecer a esta familia tan grande que me ha enseñado a amar y saber vivir.

Miguel Ch. | La Habra, California

MARZO / ABRIL 2011

¡No bebas, aguántala!

LA RECUPERACIÓN TAMBIÉN RESISTE UN CORAZÓN ROTO

Toda mi infancia estuve rodeado de alcohólicos. Comenzando con mis padres, tíos padrinos, compadres, vecinos, casi todos eran borrachos. Así que yo pensaba que beber alcohol era normal. Después en la juventud el alcoholismo fue la causa de infinidad de fracasos económicos.

Perdí muchas oportunidades de negocio, pues las festejaba con alcohol antes de que se concretaran. Al final terminaba hospitalizado, convertido en un esqueleto forrado con mi deshidratada y escamosa piel.

Yo tenía un gran talento para crear estilos en artículos de cuero que la gente admiraba, pero nunca pude superarme y triunfar. Esa manera de vivir continuó, aun cuando tuve una buena mujer que me dio tres hermosos hijos. Ella no soportó mi alcoholismo y la mediocridad en la que yo vivía, así que después de 14 años de matrimonio, se separó de mí.

Me fui de la casa, pero no imaginé nunca que ella se había enamorado de otro hombre; ahí comenzó mi martirio. El año 2003 fue tremendo para mí: falleció mi padre de cirrosis hepática por alcoholismo, yo estaba muy triste, había llegado a AA tres meses antes, le fui a pedir consuelo a mi mujer, y en lugar de eso, ella me confesó de su nuevo amor.

Sentí que moría de tristeza; mi padrino, un alcohólico

muy recio, me decía con voz potente ¡No bebas, aguántala! Pero siete meses después, a mi madre también le dio cirrosis. Cuando murió, me di cuenta de que estaba completamente solo y sin un lugar donde vivir.

Me invadió una depresión que duro dos años. Sobrio estaba conociendo el dolor verdadero: celos, resentimiento, miedo, ansiedad, y una gran conmiseración por mí mismo. La mente me comenzó a fallar, no podía borrar las imágenes de mi esposa teniendo sexo con otro hombre. A solas yo hablaba con ella y la acariciaba. Mientras tanto, en mi cerebro se escuchaba la voz de mi padrino que decía: ¡No bebas, aguántala!

Empecé a prestar servicio en una oficina intergrupal y poco a poco fui saliendo de mi depresión. Ahora, seis años después, sigo sirviendo en la oficina, sigo en Alcohólicos Anónimos y la que fue mi esposa se quedó sola y con una bebita más.

Hoy en día ella me respeta, yo la apoyo económicamente y mis hijos me hablan con cariño. Todo esto me lo he ganado con mi cambio de juicios y actitudes.

Gracias a Alcohólicos Anónimos, soy otro hombre y seguiré adelante.

Miguel G. | Van Nuys, California

MAYO / JUNIO 2013

Aunque llueva o truene, no bebemos

EXPERIMENTÓ EL DOLOR MÁS GRANDE EN SOBRIEDAD

A la edad de trece años, me botaron de la escuela por incorregible. Mi padre tenía un negocio de repostería y como castigo me dio los trabajos más duros de su negocio.

No consiguió su propósito, todo lo contrario, me gustó tanto el trabajo y lo hice tan bien que conseguí decirle adiós a la escuela definitivamente.

En Cuba, se acostumbraba tomar "la mañana y la tarde", un traguito antes del almuerzo y otro traguito antes de la cena.

Todos los días, al terminar la faena de la mañana y antes de salir a almorzar, mi padre llamaba a un trabajador y le decía "ve y trae la mañana". El hombre iba a la bodega de la esquina, compraba aguardiente y preparaba el famoso "Mojito" cubano que cada trabajador recibía antes de terminar la jornada.

Después de que cumplí algún tiempo trabajando mi padre le dijo al hombre que repartía el mojito: "Dale un poquito a René también". En ese tiempo yo aún no tenía quince años de edad.

Voy a cumplir 81 y nunca he olvidado la reacción que experimenté al tomarme aquel "traguito" y sus consecuencias. Por más de 30 años me convertí en un bebedor consuetudinario. Dejé de ser un niño sin pasar por el proceso normal de la adolescencia y la juventud.

El alcohol transformó mi vida. Mi agresividad me trajo consecuencias negativas: huesos rotos y cárcel, causándole a mis padres y a mi familia un tremendo sufrimiento, en particular a mi madre.

Como tenía prohibido visitar a mi novia, decidí, bajo los efectos del alcohol, raptarla. Nos casamos y tuvimos una hija, pero por cuestiones del alcohol y faldas, al cabo de dos años nos divorciamos.

Aunque mi carrera alcohólica siguió en aumento, me volví a casar y tuve tres hijos más. Viajé mucho y finalmente en julio de 1962 traje a mi familia a vivir a San Francisco donde estaba mi hermano mayor José Antonio.

En 1973, habíamos logrado el sueño americano: compramos casa y buenos carros, teníamos buenos trabajos y mis hijos asistían a escuelas privadas. Pero mi alcoholismo seguía desarrollándose, ocasionando violencia dentro de mi familia. Muchas veces maltraté a mi esposa, física y verbalmente. Como resultado de una pelea fui a dar al hospital con una pierna rota. Mi vida era un desastre y ella decidió abandonarme.

En enero de 1976 llamé a la oficina de AA en San Francisco para pedir ayuda. Tuve suerte porque dos muchachos mexicanos que estaban allí se ofrecieron para recogerme y llevarme al grupo Misión, de San Francisco.

A partir de aquel día, jamás he vuelto a probar una gota de alcohol en ninguna de sus manifestaciones, mi esposa regresó conmigo, vendimos la casa y compramos una mansión, pero ya los daños estaban hechos: tres años más tarde, seco como un ladrillo, firmábamos el divorcio. Le dije adiós a la casa, a los carros.

Aunque volvimos a intentarlo una vez más, en noviembre de 1985 me abandonó de nuevo.

Nos divorciamos y esta vez no había nada que repartir ni pensión que pagar, con diez años de sobriedad y 30 de matrimonio, fui a vivir en un garage.

Viviendo allí en 1986 me relacioné con la que hoy es mi esposa; cumplimos 25 años de estar juntos y sus hijas me llaman "daddy".

Pero el día más terrible de mi sobriedad fue en 1990, catorce años después de traspasar el umbral de la puerta del grupo Misión.

Era mi día libre, estaba en la cama y a las seis de la mañana recibí una llamada para anunciarme que mi hijo Edmundo había fallecido. Yo lo había visto hacía una semana, tenía problemas graves de alcohol y drogas, lo había llevado al grupo hispano y no se quedó, lo llevé al grupo de habla inglesa y tampoco quiso quedarse. Le hablé una y mil veces, le expuse mi caso y el ejemplo de lo que AA hizo conmigo, nada dio resultado hasta que una inyección infectada me lo arrebató.

Con toda la honradez que debe caracterizar a un AA, déjenme decirles que en ningún momento pasó por mi mente echarme un trago, ni "pataleos", ni "por qué a mí", hice lo que tenía que hacer y resolví todo lo del funeral.

Si conoces el programa y lo practicas, puedes conseguir lo que te ofrece, no solamente sobriedad alcohólica, sino también la sobriedad espiritual y la fortaleza para enfrentar cualquier acontecimiento por grave que sea sin beber.

Si se dice algo verdadero en AA, y yo lo he sufrido en carne propia, es que el alcoholismo es una enfermedad, incurable, progresiva y de fatales consecuencias.

El alcohólico anónimo no bebe, pase lo que pase, nazca quien nazca y muera quien muera y de eso, yo doy testimonio.

Hoy me estoy fortaleciendo aún más a través del servicio a mi programa, y a mis compañeros, porque el final se acerca y, cuando me llamen a rendir cuentas, no quiero que me tiemblen las piernas.

Que mi Poder Superior les bendiga y les proteja siempre y les regale muchas y felices 24 horas de sobriedad.

René V. | San Pablo, California

MAYO / JUNIO 2024

Presente para ellos

UNA TRAGEDIA FAMILIAR QUE NO HUBIESE PODIDO SUPERAR SIN EL GRAN APOYO DE SUS COMPAÑEROS DE AA

Mi nombre es Elías y soy alcohólico. Les comparto mi experiencia. Con algunos años en AA recibí la peor noticia que me pudieran dar. Primero, una llamada telefónica de mi padre desde la ciudad de Chicago, en ese entonces yo vivía en Los Ángeles, California. Mi padre se encontraba hospitalizado hacía un par de semanas por un dolor en el pecho, me dijo: "Te voy a pasar a la enfermera para que le expliques, a ver si me da algo para mi dolor". Vino la enfermera al teléfono y le pregunté qué tenía mi padre, pero no me podía informar por teléfono, tenía que ir al hospital.

Al día siguiente estaba volando a Chicago para ver a mi padre. Cuando llegué, me sorprendió mucho verlo totalmente avejentado, todo flaco y postrado en una cama de hospital. Mi padre siempre había sido un hombre fuerte y lleno de vida.

Cuando llegó su doctor, enseguida le pregunté sobre la condición de mi padre y el doctor me dijo: "¿Es que nadie le ha informado nada?" Le dije que no. "Venga a mi oficina para informarle. Su padre tiene sida, no tenemos ninguna duda".

Cuando me dio la noticia no lo podía creer, me costó mucho trabajo asimilarlo. ¿Cómo es posible que un hombre tan apegado a las cosas de Dios se haya contagiado?

Después, hablé con mi padre y me platicó que, después de más de veinticinco años de abstinencia, había vuelto a beber. Él iba y venía a México, se quedaba largas temporadas trabajando en EUA. En una Navidad se sentía triste por no haber recibido noticias de mi madre, y sus amigos lo invitaron a tomar. La primera cerveza lo llenó todo de ronchas y se asustó, ya no continuó bebiendo. Pero al día siguiente volvió a beber, y como no tuvo ninguna reacción, continuó bebiendo hasta emborracharse. Borracho, tuvo relaciones con una prostituta que lo contagió. Yo no soy quién para juzgarlo.

Tuve la oportunidad de llevarlo de regreso a México. La enfermedad siguió su curso y mi padre falleció a las pocas semanas. Tengo que agradecer a mis compañeros de AA de mi pueblo que me acompañaron todo el tiempo en el velorio y en el entierro. Nunca me dejaron solo, dándome ánimo todo el tiempo.

Me vine de regreso a EUA, pero lo peor estaba por venir. Todavía no cumplía un año de muerto mi padre, cuando recibí otra llamada de una de mis tías que me dijo: "Si quieres ver a tu madre viva vente lo más rápido que puedas, se está muriendo". Ahí voy de regreso a mi tierra y me encuentro con el mismo cuadro clínico que mi padre.

En uno de sus viajes anteriores, mi padre había contagiado a mi madre y se estaba muriendo. Esta vez no pude soportar y me desmoroné, blasfemando en contra de Dios. Era una injusticia. Mi madre vivía pegada a Dios, fiel hasta su muerte. En vez de yo darle aliento a ella, me decía: “No llores hijo, si tú te entregas al Señor nos volveremos a ver. Yo voy a un lugar mejor, donde no hay llanto ni dolor”.

Le propuse un trato a Dios a cambio de la vida de mi madre, pero como Dios no cumple caprichos, ni endereza jorobados, la enfermedad siguió su curso y mi madre falleció dos semanas después. Quedando todo resentido con Dios, nuevamente mis compañeros de AA salieron al rescate y no bebí, no porque sea muy valiente, sino porque mis compañeros nunca me dejaron solo, me dieron el soporte necesario para mantenerme de pie.

De regreso en EUA trabajé con mi padrino, y hasta el día de hoy sigo firme. Esta experiencia me ha servido para enderezar mi propia conducta, saber dónde estoy parado, y trabajar el programa de AA con la mejor de mis habilidades.

Se los comparto con la esperanza de que les sirva a ustedes también, especialmente a los jóvenes y a los no tan jóvenes. Una noche de copas nos puede costar la vida. Actualmente acabo de cumplir un aniversario más, 31 años de sobriedad. Gracias a Dios y a ustedes compañeros de AA.

Elías P. | Moreno Valley, California

CAPÍTULO 6

LOS VETERANOS DE AA

Con el tiempo, la sobriedad deja de ser solo un acto de resistencia y se convierte en una forma de vivir con dignidad, fe y propósito. En este capítulo, compartimos las historias de veteranos en AA, aquellos que han caminado este sendero durante décadas, sorteando pruebas y desafíos sin apartarse del compromiso con su recuperación. Sus vidas son testimonio de que el programa no solo se trata de dejar de beber, sino de una transformación profunda y duradera.

Estos veteranos han aprendido que la clave no está en la cantidad de años sin beber, sino en cómo han elegido vivirlos: con humildad, servicio y gratitud. No solo han permanecido sobrios, sino que han extendido su mano a otros, guiándolos con paciencia y comprensión, recordándonos que nadie tiene que recorrer este camino solo.

En "El deseo de cambiar", Luis nos comparte una profunda reflexión: "En AA me han enseñado el valor por la vida, el valor de ser una persona digna y poder caminar con la frente en alto, el valor de saber que hay un Ser Superior a quien hoy concibo como Dios".

Para otros como Miguel C. en "Sin darme cuenta", escuchar a quienes habían logrado mantenerse sobrios fue una revelación: "Algo que me impactó fue escuchar a los veteranos cuando compartían que tenían muchos años sin beber, porque yo no podía dejar un solo día. Me dijeron que comenzaron por 24 horas...”

Son ellos quienes nos recuerdan que no importa cuánto tiempo llevemos en AA, siempre seremos principiantes en el arte de vivir. Con cada reunión, cada historia compartida y cada acto de servicio, nos enseñan que la sobriedad no se trata solo de dejar de beber, sino de aprender a vivir con sentido.

Sin darme cuenta

UN JOVEN PRACTICA EL PROGRAMA UN DÍA A LA VEZ Y, DE REPENTE, PASAN VEINTIOCHO AÑOS

Mi nombre es Miguel y nací en el Distrito Federal. Yo vengo de una familia con problemas con el alcohol. Mi carrera alcohólica comenzó a muy temprana edad. Tuve muchos problemas con el alcohol, pero gracias a Dios y a mi padrino que me pasó el mensaje, me quedé en AA.

Yo bebía todos los días y veía a mi padrino entrar al grupo todos los días. Un día me dijo que en lugar de tomar cerveza tomara un jugo o un vaso de leche. Eso fue todo. Después de dos meses llegué de la calle al grupo, completamente destruido, y me recibieron con un aplauso y una taza de café. Era el día diez de noviembre de 1986, solo contaba con veintiún años de edad y desde ese día no he vuelto a beber. Algo que me impactó fue escuchar a los veteranos cuando compartían que tenían muchos años sin beber, porque yo no podía dejar un solo día. Me dijeron que comenzaron por 24 horas, después unas semanas y después unos meses, y luego llegaron los años hasta convertirse en veteranos. Yo no estaba seguro que lo pudiera lograr, pero gracias a mi padrino, fue posible para mí.

Llegué soltero y tenía veintiún años, un obstáculo muy grande para aceptar que era alcohólico, pero sin darme cuenta, también empezaron a pasar los días y después las semanas. No se me olvida mi primer aniversario. Me di cuenta de que mi vida había cambiado. Así comenzó todo, como un juego. Desde que llegué, siempre he tenido servicio dentro y fuera del grupo. Permanecí soltero cinco años, luego formé una familia. Me casé y tengo tres hijas y dos nietas, y yo sigo sin beber y sigo sirviendo.

Hace dos años recibí una llamada con una mala noticia: mi padrino había fallecido. Un veterano con treinta y ocho años de sobriedad. Yo no me considero un veterano, pero le doy gracias a Dios que me dio la oportunidad de entrar a AA. Ya voy a cumplir veintiocho años de sobriedad.

Miguel C. | Sylmar, California

NOVIEMBRE / DICIEMBRE 2016

El espía

INTENTÓ SABERLO TODO EN UN DÍA

Con poco tiempo en el grupo, me torturaba queriendo saber cuándo se dejaba de ser nuevo y se empezaba a ser veterano. Los veteranos tenían algo que yo no tenía. Algo que yo quería.

Pregunté, observé y espié a los veteranos, tratando de averiguar qué era eso que ellos tenían y yo no.

Un día a la vez me fui enterando que no solo era el tiempo transcurrido en el grupo lo que me faltaba, había algo más. Que no se podía medir en términos de tiempo.

Yo quería serenidad. Esto lo sé ahora, pero lo ignoraba. Serenidad para saber que cuanto más tiempo pasara sin beber y tratando de aplicar el programa, más me iba acercando a una especie de felicidad. Una extraña serenidad de que cuanto más me alejaba de mi locura —mi hábito, mi condición de adicto— más me acercaba a una tranquilidad de espíritu.

Yo no estoy solo. Ahora tengo el respaldo de AA, sus grupos y el programa de recuperación. Los tormentos del pasado se fueron diluyendo, se fueron perdonando. Quedó la serenidad.

¿Cuándo fue que llegó la serenidad? No lo sé. Pero estoy totalmente seguro de que con ella llegó la veteranía y se fue la novatez.

Tuve que renunciar a los modos de obrar del borracho, tuve que proponerme cambiar —"el que no cambia bebe"—, tuve que estar dispuesto a descreer de mis pensamientos y poner en su lugar la manera de pensar de AA, tuve que aceptar la derrota de una vida y, lo más importante, tuve que aceptar que para vivir en sobriedad debo servir a otros, a aquellos que sufren por los mismos motivos que sufro yo.

Ante ese dolor, que reconozco como el que me trajo a AA, no hay nada que sea más importante.

Haciéndome a un lado y poniéndome a disposición del que sufre, apareció el espacio de paz que es la serenidad.

Dejé de torturarme y empecé a servir. Sirviendo me fui haciendo veterano y sigo intentándolo. Hay momentos en que me comporto como un novato, pero ya me mostraron mis mayores el camino de regreso: tolerancia, aceptación y acción.

No hay una línea de llegada, el gozo de la presencia de la serenidad no es patrimonio de veteranos o novatos. Es en el camino diario que pierdo o encuentro mi nueva verdad: "Cuando cualquiera, donde quiera, extienda su mano pidiendo ayuda, quiero que la mano de AA esté allí y por esto yo soy responsable".

Luis T. | Buenos Aires, Argentina

MAYO / JUNIO 2013

Sellando la unidad

UN PEQUEÑO INCIDENTE DESATA UNA TORMENTA EN EL GRUPO

Primera Tradición: Nuestro bienestar común debe tener la preferencia; la recuperación personal depende de la unidad de AA.

La reunión a la que voy regularmente existe desde hace alrededor de tres años. Me encanta el formato que combina un orador con poco tiempo de sobriedad y uno con más tiempo. En la semana de mi aniversario de sobriedad estaba muy emocionada, cuando llegó el momento me sentí sorprendida y un poco orgullosa.

Al iniciarse la reunión observé que una persona sentada cerca de mí, pegaba sellos en unas tarjetas. Sentí que eso no era correcto, pero no la conocía muy bien, decidí no hacer nada y traté de ignorar la situación.

Después de terminar el primer paquete de etiquetas, mientras la secretaria pedía a los recién llegados y a los que cumplían aniversario que se identificaran, ella tomó otro paquete.

Yo soy una de esas "veteranas" en sobriedad y en edad. He estado en las reuniones de los RSG, y he visitado la Oficina de Servicios Generales en Nueva York recientemente. En esa ocasión tuvimos una discusión acerca de las interrupciones y lo que dice al respecto nuestra Primera Tradición. Armada con esta "autoridad" sentí que tenía una buena razón para cruzar tranquilamente la sala y preguntarle a la compañera si podía dejar su trabajo hasta que terminara la reunión.

Y eso hice, me acerqué a ella y le pregunté si su trabajo podría esperar hasta que la reunión terminara.

Su respuesta fue que si ella me estaba molestando, tal vez yo podría hacer el esfuerzo en concentrarme más en la reunión que en ella. Le di las gracias y le expliqué que mi petición no era un mandato, tan solo una sugerencia.

La lectura de esa noche era sobre el director que trata de arreglar todo a su gusto y que, aunque está muchas veces bien motivado, causa problemas.

La lectura me hizo sonreír, ahí había un mensaje. Me alegró que la compañera dejara las etiquetas y la reunión continuara con normalidad.

Pero cuando el grupo empezó a compartir, salieron chispas, sin mencionar específicamente a nadie por su nombre, la compañera, indignada, cuestionó la seguridad que esta reunión le ofrecía, ya que era evidente que los veteranos se creían dueños del grupo. Me di cuenta de que no me estaba atacando directamente a mí, sino que estaba dando un testimonio del poder del programa.

Muchas campanas se apagaron. ¿Cómo se sentiría un recién llegado? ¿Estaba yo convencida de mi postura? Estas preguntas y el palpitar de mi corazón me persiguieron a otro evento esa noche y eventualmente a casa.

Cuando llegué a casa, llamé a otra compañera del mismo grupo, veterana como yo. Ella conocía a la persona que ahora yo consideraba como mi "atacante" y también se sintió distraída. Pero su objeción fue que al tratar de detener la distracción de la reunión yo había "puesto en marcha el tren de las circunstancias" y creado un conflicto más grande que el problema inicial. Me costaba ver mi parte, puesto que yo estaba defendiendo la Primera Tradición y como veterana tenía el deber de mantener la reunión enfocada en la recuperación.

Regularmente en situaciones como ésta cuando no puedo llegar al fondo, hago un Décimo Paso para tomar la dirección correcta. Esa noche me dediqué a leer todo lo que pude acerca de la unidad en "Como lo ve Bill". No encontré nada que apoyara mi reclamo acerca de mi responsabilidad de confrontar al miembro que perturba una junta. Leí que uno no debe disciplinar a nuestros miembros; John Barleycorn lo hace.

El bienestar común del grupo viene primero, pero la libertad del individuo viene en segundo lugar muy cercano. En "AA llega a su mayoría de edad", leí que "Ninguna persona podía nombrarse para actuar en nombre del grupo" porque "la unidad y el propósito se pierden". Es por esta razón que nosotros los miembros de AA no castigamos a nadie por mal comportamiento, por muy grave que sea, pues "el castigo nunca sana, solamente el amor sana".

Entonces me di cuenta de un viejo defecto de carácter, la arrogancia se había escondido detrás de la Primera Tradición.

Mi madrina me preguntó, riéndose, por qué le había hecho caso al ruido en lugar de mover mi silla y haberme regocijado ante el hecho de que la compañera estaba sobria.

Cuando regresé a mi grupo base me senté en la segunda fila, la compañera no se encontraba entre los presentes, yo había escuchado su anuncio de que disfrutaría de AA en otra parte por un tiempo. Traté en vano de conseguir su número de teléfono para hacer una reparación. En nuestra junta de negocios tuvimos una conversación acerca de las conversaciones cruzadas. En un mes tendremos nuestro inventario bianual y allí hablaremos de las Tradiciones en AA y cómo relacionarnos con ellas.

Recordando las palabras de Bill Wilson en "AA llega a su mayoría de edad": "Estos son los dolores del crecimiento de la infancia y nosotros en realidad prosperamos con ellos".

Anónimo

MAYO / JUNIO 2009

Amor y tolerancia

BRINDEMOS CONFIANZA A LOS NUEVOS DENTRO DE AA

Nadie posee el secreto de obtener sin más la confianza de los otros, sino que esta se obtiene diariamente, con esfuerzo. Los nuevos creen en la maravilla de explorarse y comprenderse a sí mismos y saben que poseen la capacidad para detectar sus problemas y resolverlos adecuadamente. La confianza entre viejos y nuevos se consigue cuando aquellos aceptan, aprecian y respetan a los recién llegados, dándoles seguridad y estabilidad, y cuando estos escogen sus caminos, sintiéndose amparados sin reticencias por sus compañeros con más de 24 horas de recuperación.

Ha dicho el sabio chino Lao-Tsé: "El hombre que se perfecciona no interfiere en la vida de los demás, no se impone a ellos, sino que ayuda a llevar a todos los seres a su liberación". Hay que aceptar a las personas tal como son, con sus ansiedades y sus miedos, con sus ilusiones y sus virtudes. A nadie se le tiene que imponer el criterio sobre qué conviene ser o hacer. El veterano de AA, ya sea abogado, educador, obrero o agricultor, no es un guía intocable ni infalible. Más bien, corresponde que sea un testigo atento, respetuoso y sensible. Quien compromete a un novato a sentir lo que realmente no siente, le impulsa a fingir una vivencia que no le pertenece.

El maravilloso lenguaje de la aceptación incondicional abre a los principiantes, les hace muy felices, les libera y les da la opción de compartir sus sentimientos y sus problemas. De lo contrario, la falta de aceptación obliga a que los nuevos se encierren dentro de sí mismos, se sitúen a la defensiva, se sientan incómodos y manifiesten numerosos sentimientos negativos. Ha dicho M. Bauer: "Inmiscuirse en la vida de los demás significa violentarlos y violentarse a uno mismo... Quien impone, mantiene un poder débil, aparente; quien no se impone, goza de un poder grandioso, secreto".

La aceptación genuina produce un cambio positivo en la personalidad de los nuevos: fomenta las relaciones de crecimiento, les enseña a resolver problemas, mejora su salud psicológica, hace a las personas más creativas, más libres. Cuando a través de sus palabras o gestos, un veterano expresa un sentimiento de aceptación hacia los nuevos, les ayuda a adquirir una idea clara de su valor y promueve un desarrollo integral.

El novato puede sentirse amado y aceptado tal como es, sin comparaciones absurdas. El amor y la aceptación son las fuerzas terapéuticas más eficaces para el crecimiento. Pero esta aceptación debe demostrarse, los novatos tienen que sentirla y ello supone una habilidad especial por parte de los veteranos.

Para comunicar aceptación conviene que aprenda a hablar en forma constructiva, con simpatía, sin imperativos. El hablar adecuadamente fomenta un cambio positivo en las personas. Nos comunicamos mediante gestos, posturas, sonrisas, o cuando sabemos permanecer activamente ausentes, permitiendo que el nuevo actúe por sí mismo, incluso permitiendo que cometa los errores propios del crecimiento. Manifestamos aceptación cuando no interferimos inoportunamente en la vida de los principiantes y les instamos a vivir su vida sin vigilancias absurdas, no interviniendo, a no ser que nos soliciten ayuda. No debemos invadir jamás la intimidad de los otros ni manipular absurdamente su mundo interior. Se equivocan quienes quieren que los novatos no cometan errores, o quienes esperan sentirse orgullosos de sus compañeros nuevos. O quienes viven pendientes a todo momento de lo que opinan los demás. O quienes quieren que sus compañeros novatos los necesiten en todo. Cada ser humano tiene su identidad y debe desarrollarse de acuerdo con sus posibilidades, sin presiones ni imposiciones.

En un ambiente de silencio respetuoso y activo, los novatos expresan sus sentimientos con libertad, se muestran capaces de buscar la solución a sus problemas y caminan sin miedos en busca de su plena realización personal. Estimular la maduración de los nuevos, así como posibilitar un cambio positivo, no es jamás una labor que pueda llevarse a cabo con imposiciones y adoctrinamiento. En un ambiente de atenta confianza se pueden encontrar todos los secretos de una comunidad de nuevos y viejos que se base en un programa de tres legados: recuperación, unidad y servicio.

Abraham L. | Guayaquil, Ecuador

MAYO / JUNIO 2021

El deseo de cambiar

EN AA LE DIJERON QUE CUANDO TUVIERA GANAS DE CRITICAR, QUE LO HICIERA FRENTE A UN ESPEJO

Muy buenas tardes, mi nombre es Luis y soy un milagro más de Alcohólicos Anónimos: treinta y cinco años de alcoholismo y drogadicción y solo por la gracia de Dios hoy estoy contando el cuento, es por eso que primeramente quisiera agradecer a Dios por darme un día más de vida.

Hace unas semanas atrás, mientras leía un libro, me encontré con un párrafo que me dejó pensando por varios minutos. Decía: "¿Quién te llorará el día que mueras?".

Creo que cada uno de nosotros tiene su propio concepto acerca de la espiritualidad. Para mí, en lo personal, es simplemente el verdadero deseo de querer hacer las cosas bien. Sabiendo que, si soy honesto conmigo mismo, pues simplemente voy a lograr un grado de fe en mí, algo que en esos treinta y cinco años de actividad alcohólica nunca la tuve, gracias a algunos desafortunados eventos que pasaron en mi niñez y adolescencia. No pude cultivar tal virtud, y cuando hice contacto con el alcohol y las drogas, pues simplemente me olvidé del significado de esa palabra.

Hoy, gracias a las cosas que estoy aprendiendo acerca del alcoholismo, mi idea de la espiritualidad ha tomado un camino que nunca me lo hubiera podido imaginar. En mis inicios, mis compañeros en AA me decían: "Si te quedas con nosotros, cosas maravillosas están por venir", y no se equivocaron. No me prometieron mejores trabajos, no me prometieron dinero ni nada material. Lo primero que me enseñaron fue que había que reconocer que tenía serios problemas con mi manera de beber, que era un alcohólico y que nunca más en mi vida podría beber como una persona normal, lo cual me fue muy difícil de aceptarlo, pero viendo esos treinta y cinco años de mi vida tirados a la basura y las cosas que tuve que hacer para mantener mi alcoholismo, pues no me quedó más remedio que aceptarlo. Y en este punto, mi vida empezó a cambiar y poco a poco fui sintiendo que quizás había una oportunidad más en la vida para mí.

Una vez que me acepté como alcohólico corazón adentro, me dijeron que investigara más acerca del alcoholismo y de AA. Descubrí cosas que nunca me hubiera podido imaginar, como que mi forma de pensar y sentir habían distorsionado mis instintos naturales y que entonces pudieran ser las causas principales de mi manera destructiva de beber. Aprendí que el alcoholismo es una enfermedad perversa del alma, progresiva y de fatales consecuencias. Entonces tenía que comenzar por reestructurar mi mente para así cambiar mis actitudes.

Me preguntaba ¿Y cómo puedo hacer esto? Me dijeron, "Ya aceptaste tu derrota total y ese es el primer paso hacia tu liberación y fortaleza para empezar a construir tu fe en ti mismo".

Pero había más, tenía que dejar mis moldes viejos, pensamientos y actitudes del pasado y practicar virtudes nuevas como la honradez, honestidad y humildad —virtudes que en mi actividad alcohólica eran palabras sin significado—. Pensaba que la humildad era sinónimo de debilidad, pero en AA descubrí que la humildad era el deseo profundo de querer ser una persona diferente, una persona mejor a la que había sido. Poco a poco todo esto tomaba forma, pero tenía que seguir trabajando.

Uno de mis problemas era la ira, no podía controlar mi ira, criticaba a medio mundo, ofendía a las personas sin medir consecuencias y no sabía cómo poder controlarla y en AA me la pusieron muy fácil, me dijeron: "La ira no es otra cosa que el miedo y la inconformidad con uno mismo, vea dentro de usted, porque si solo ve para afuera seguirá siendo una persona que solo verá los defectos de otros y seguirá ocultando sus propios defectos, y la soberbia será su peor verdugo", y que cuando tuviera ganas de criticar, que lo hiciera frente a un espejo. Y yo que pensaba que lo único que tenía que hacer era dejar de beber. El siquiatra William James dijo: "La única cura para el alcoholismo es la espiritualidad", y yo lo estaba sintiendo muy dentro de mí.

Practicar estas cosas no me fue difícil, pues la aceptación a mi alcoholismo me estaba enseñando un camino hacia una vida útil y feliz, a la alegría de vivir de la cual habla mi programa de AA. Y las cosas seguían llegando. Ahora la palabra recuperación empezaba a tener sentido, un sentido más amplio, más profundo, pero tenía que fortalecerla y ¿de qué manera podría hacer esto? Simplemente ayudando a otra persona que pudiera estar teniendo problemas con su manera de beber y, al empezar a hacerlo, descubrí, el valor de hacer las cosas sin esperar nada a cambio, el valor de sentirse útil, el valor de ser agradecido. Hoy me amo a mí mismo, pues aquella persona que no se ama a sí misma, simplemente no puede amar a nadie, ni a su madre, esposa, hijos, o hermanos... a nadie. En AA decimos que la enfermedad del alcoholismo enferma más a los seres queridos que están a nuestro alrededor que, al mismo alcohólico, nosotros estuvimos anestesiados, ¿cómo podíamos amar a alguien?

Me gustaría compartir con todos ustedes mi felicidad, lo que realmente la espiritualidad en AA significa para mí. La práctica de todas estas virtudes, para mí no es más que de vivir en paz conmigo mismo, con dignidad; ya que les puedo decir con convicción que hoy tengo estima personal. Hoy muchas veces me quedo pensando y me pregunto "¿Si no hubiera sido alcohólico hubiera podido descubrir todas estas cosas?". Quizás sí, pero se lo aseguro que no de la manera que las estoy aprendiendo hoy en AA y recuerdo un párrafo que leí en alguna parte: "Las personas religiosas tienen miedo de ir al infierno, las personas espirituales somos las que ya han estado en el infierno y no queremos volver allá".

Es por eso que mi opinión de la espiritualidad es sencillamente el deseo de querer hacer mejor las cosas, querer vivir a plenitud una vida diferente. El conjunto de todas estas cosas que tuve que reincorporar en mi nueva vida, el trabajar con honradez y no tan solo para conseguir cosas materiales, con mi propia persona, con mi honestidad sobre todo en mi recuperación personal, con mi humildad para trabajar día a día con mi egocentrismo y mantener mi ego a un nivel correcto.

En AA me han enseñado el valor por la vida, el valor de ser una persona digna y poder caminar con la frente en alto, el valor de saber que hay un Ser Superior a quien hoy concibo como Dios, a quien he dejado mi vida y voluntad al cuidado de Él, pero siempre y cuando sea yo mismo quien accione, ya que la fe sin acción es fe muerta, aprendiendo día a día que la gratitud y la espiritualidad van de la mano.

Las cosas más bellas no pueden verse ni tocarse, pero se sienten con el corazón, es por eso que la espiritualidad es una virtud muy importante en mi recuperación. F24 (Felices 24 horas).

Luis A. AANR | Bronx, New York

MAYO / JUNIO 2015

Así es en mi país

EN EL SALVADOR O EN NUEVA YORK, LOS GRUPOS LE OFRECEN UNA VIDA DIFERENTE

Mi nombre es Luis, pero soy más conocido dentro de la Comunidad de AA como Toluco, soy de El Salvador, y vengo de una familia de siete hermanos.

De mi niñez, ¿qué les puedo contar? Que fue muy corta. Empecé a beber pronto y ya a los dieciocho años era un alcohólico, porque una vez que empecé a beber, ya no pude controlarme.

Mi hermano era futbolista, le apodaban "Pirringa" y yo le cargaba el maletín de los tacos y así podía entrar a ver los partidos. El primer trago que me tomé fue chicha* y me gustó, por esos tiempos hacían una chicha muy buena y esa noche llegué medio atontado a la casa. Mi madre se dio cuenta de que estaba borracho y por poco me pega. Seguí bebiendo esporádicamente, pero poco a poco, casi sin darme cuenta, empecé a beber más seguido y a beber licor.

Mi oficio era de zapatero, y como los zapateros no trabajan los lunes, esto era una buena excusa para salir a tomar una sopa y después beber, esa era la rutina de todos los lunes.

Me casé a temprana edad y tuve siete hijos, pero desgraciadamente esta mujer se metió con otro hombre y ahí acabó la relación. En esta parte de mi vida mi alcoholismo llegó a su peor parte. Cuando estaba con ella, tomaba y hasta tomaba con ella. Yo tomaba fuerte, pero cuando ella salió de mi vida, empecé a tomar sin control.

Me quedaba botado en la calle, muchas veces a unas cuadras de mi casa, ya no aguantaba más, me caía y mi familia me recogía.

Muchas cosas malas me pasaron, muchas de ellas no las recuerdo. Sí recuerdo que me encantaba caminar por debajo del tejado de las casas cuando estaba lloviendo, bien borracho y que me cayera el chorro de agua encima, se sentía sabroso, pero nada más.

Ser alcohólico es algo que a nadie se lo deseo, es triste, bebí durante catorce años.

Un día me arrestaron, terminé preso en la cárcel. El director de la policía estaba clasificando a los presos y se acordó de mí, ya que yo le había curado una mano, me reconoció y me dijo: "Tú eres el que me sobó la mano una vez, te voy a dejar libre pues".

***Chicha**: bebida alcohólica preparada a partir de la fermentación no destilada del maíz y otros cereales o frutos originarios de América.

Me dejó ir, me dio dinero para el transporte y una tarjeta de AA. "Ahí decides qué hacer", dijo, "te vas para el grupo o te echas tu traguito".

No sé cómo, esa noche estaba asistiendo a mi primera reunión, nunca me voy a olvidar de ese día cuatro de mayo de 1970. Levanté la mano en el grupo Cabo Cañaveral de San Salvador, ya se me olvidó lo que bebí, pero ese cuatro de mayo nunca se me olvidará.

Para todos nosotros que hemos bebido, la historia de cómo llegamos a los grupos, es siempre muy linda, para mí, desde luego, es muy especial.

Desde el primer momento, el programa me fascinó. Ese día, junto conmigo, otra persona levantó la mano y después de aquel cuatro de mayo, muchas otras. Algunos regresaron a beber, pero yo me quedé, un día a la vez, solo eso, una día a la vez.

Sigo estando sobrio, 42 años después, un día a la vez. Es muy difícil aceptarse como alcohólico y mucho más difícil es decirle que no a esa primera copa.

En los primeros años, gracias a Dios, me pegué al programa de Alcohólicos Anónimos, y me encantó. Disfrutaba mucho el salir a compartir. En ese tiempo se hacían excursiones y todos teníamos que montarnos en el camión. La gente nos gritaba: "¡Chanchos!", así es en mi país. Con frecuencia, íbamos a un grupo que se llama 24 horas en AA. Le pusieron ese nombre porque veinticuatro compañeros iniciaron ese grupo.

Me trasladé a vivir a Nueva York y aquí disfruté mucho más de los grupos. En nuestros países, los grupos de AA son pobres, pero son muy divertidos, como cuando nos gritaban: "¡Chanchos!".

En Nueva York, tuve la dicha de abrir dos grupos: Pasos de salvación y Mi nuevo mundo. También colaboré, junto con otros compañeros, en la apertura del distrito 814.

También he tenido el gusto de disfrutar las convenciones. La que más recuerdo es la Convención en Toronto, Canadá.

Tengo muchas fotos de la Convención en Florida. También he estado en Akron, Ohio, en la celebración de Alcohólicos Anónimos y en la conmemoración de la muerte del Dr. Bob.

He visitado la casa y la tumba de Bill, a quien conocí personalmente en dos oportunidades. La primera ocasión fue en las Oficinas de Servicios Generales de Manhattan, Nueva York, y la segunda en una reunión.

Conocer a Bill fue fantástico, todo el mundo quería agarrarlo, tocarlo. Era un hombre muy simple y muy humilde y tenía una mano enorme, una manota. Siempre decía: "Yo los quiero mucho, porque ustedes son parte de mi vida".

Mi mensaje a los alcohólicos que están dentro de los grupos y afuera, es que nosotros en AA hemos alcanzado la mejor vida, sin beber. Para mí, AA es la vida.

Tengo un carrito viejo y casi todos los días estoy en un grupo, ando de aquí para allá, Mount Kisco, White Plains, Connecticut, New Jersey o en mi grupo base.

A mí no me aburre estar en AA, me encanta llegar a un grupo y que los compañeros te digan: "Ey viejo, aún no has bebido", y yo les respondo: "Después de ti", ja,ja.

Trato de no perderme los aniversarios, a mi mujer le encanta bailar y compartir con gente que no bebe, sin peleas, sin problemas, disfrutando de una vida sana, bonita. Además, todo el mundo me conoce, todos me saludan efusivamente. Esos abrazos son de los más lindos, siento cuanto me quieren mis compañeros. Imagínense que ni los almuerzos me dejan pagar. Yo, esto no lo cambio por nada.

Mi mensaje es: AA cumple lo que promete, si lo quieres lo consigues, pero tienes que poner tu parte, los quiero mucho.

Luis T. | Bronx, Nueva York

MAYO / JUNIO 2008

El incrédulo

TUVIMOS QUE BUSCAR SIN TEMOR, PERO ALLÍ ESTABA ÉL. ÉL ERA UN HECHO TAN REAL COMO LO ÉRAMOS NOSOTROS (Libro Grande, pág. 55)

Hola compañeros, mi nombre es Fernando C. y soy un alcohólico. Soy de la ciudad de México y vivo actualmente en California. Fue en esta ciudad donde encontré a Dios en un grupo de AA. Como todo ser humano, he tenido mis altas y bajas, pero ahora sé que Dios no me va a dar algo que no pueda aguantar. Creo, de la misma manera, que si he tenido un sufrimiento en el programa ha sido por mi mucha soberbia y porque no he tenido la suficiente humildad para pedir ayuda a Dios o a mi padrino. Muchas veces me he escondido con una falsa humildad o con una sonrisa, o con el mismo silencio, y sintiéndome superior a todos los compañeros como la punta de la flecha.

Sin embargo he seguido asistiendo a las reuniones, aunque no creía en nada ni en nadie. Recuerdo que en el grupo donde yo asistía estaba un veterano en AA. A regañadientes yo seguía asistiendo a mis reuniones, aunque nadie me mandaba. Yo seguía asistiendo porque en mi interior sabía y sentía que había algo en el grupo que me hacía sentir bien. El veterano decía que el alcohólico llega al programa de AA por las oraciones de la madre. Recuerdo que yo no creía nada de eso, me parecían puras incoherencias y ridiculeces, ya que pensaba que mi madre ni se acordaba de mí y que nadie me quería. Por eso me había escapado de casa a temprana edad para emigrar a los EE.UU.

Por la gracia de Dios tuve la oportunidad de viajar a mi terruño querido años después. Nunca se me olvidó lo que el veterano había dicho en muchas reuniones. Cuando llegué a México, me di cuenta de que toda la gente que yo pensaba que no me quería me recibió de maravilla. Recuerdo que fui a la peluquería a cortarme el pelo y mi hermano fue conmigo. Mientras esperábamos, mi hermano empezó a platicar con las estilistas y dijo en voz alta: "Él es mi hermano que acaba de llegar de los EE.UU. y el alcohólico anónimo". Todas las estilistas se me quedaron mirando como un bicho raro. Pero lo que me llamó la atención fue cuando una de ellas se me quedó mirando de una manera diferente. Incluso ayudó a cortarme el pelo y comenzó a platicar conmigo. Me preguntó si era hijo de la señora que ayuda en la iglesia del barrio. Le dije que sí. Luego me dijo: "Ah, tú eras el muchacho por el que tu mamá pedía mucho en el grupo de oración de la iglesia. Incluso dijo que tomabas mucho". Cuando dijo eso, me quedé callado y sentí un fuerte escalofrío. Le di gracias a Dios y me di cuenta de que mi mamá y todos mis seres queridos me quieren mucho. Yo había sido el conmiserado, me había resistido al amor de mi familia y seres queridos. Ahora cuando escucho a un veterano en el grupo libro mi mente de prejuicios, pues nuestra recuperación es un milagro y siempre pueden suceder otros.

Espero en lo más profundo de mi corazón motivar a los compañeros a compartir sus experiencias con la revista y a los nuevos a que sigan asistiendo a todas las reuniones que puedan. Doy las gracias a Dios por esta oportunidad de ser parte de Alcohólicos Anónimos.

Fernando C. | San José, California

Un ángel

LO HABÍA PERDIDO TODO HASTA QUE SU PEQUEÑA HIJA LO LLEVA A SU PRIMERA REUNIÓN DE AA

A la edad de doce años experimenté mi primera borrachera. Recuerdo entrar a la cantina del barrio una Nochebuena. El sabor del alcohol barato no me agradó, pero en unos cuantos minutos el efecto fue agradable. Me liberó de mi timidez e inseguridades.

Recuerdo haber salido de la cantina e ir a una pequeña fiesta en la casa de un amigo. Recuerdo haber llegado y seguir bebiendo, fue lo único que recuerdo. Al abrir los ojos ya era de día y estaba en el sofá de la sala. No supe qué pasó. Ya era de noche. Mis amigos me contaron esa tarde que había bailado toda la noche y que fui la estrella de la fiesta.

Para mí, fue un gran descubrimiento lo que el alcohol había hecho conmigo. Así que lo seguí utilizando en cada fiesta o reunión por muchos años.

Dejé los estudios y me puse a trabajar a los quince años. Necesitaba hacer dinero para poder comprar la poción mágica.

Mientras más tiempo pasaba, la cantidad de alcohol también iba aumentando. Mi forma de beber se descontroló. Ya no solo bebía para pasar un buen rato en las fiestas o con los amigos, bebía en cada oportunidad que tenía.

Me metí en problemas con las autoridades y fui encarcelado por primera vez a los quince años. No fue grata la experiencia. Mis padres fueron a sacarme de la cárcel y decidí no volver a beber de la misma manera. No pude. Al pasar el susto volví a lo mismo y todo empeoró. Pasaron los años y mi forma de beber no tuvo control por los próximos quince años.

A la edad de dieciocho años me vine a los Estados Unidos buscando un cambio de vida. Me alejé por un tiempo de las borracheras frecuentes y formé una familia. El sueño americano se estaba realizando. Luego empecé a beber con más frecuencia. Tenía dinero, trabajo y una familia.

Me arrestaron nuevamente por manejar bajo los efectos del alcohol. Me mandaron a Alcohólicos Anónimos por seis firmas. Fue un castigo para mí. Les demostré a los miembros de ese grupo que yo no era alcohólico y no bebí por ocho semanas. No fui yo, fue mi orgullo.

Cincuenta y cuatro años después, terminé sin trabajo, sin dinero y sin familia. No tenía dónde vivir y mi hermana me dio un espacio en el garaje de su casa, una cobija y una almohada. Terminé durmiendo en el suelo.

Un domingo por la mañana, Dios, como yo lo concibo, me mandó un ángel para salvarme la vida. Mi hija en ese entonces tenía siete años y ella me llevó a mi primera reunión de AA, el que hoy es mi grupo base. Eso fue un seis de marzo de 1994; desde ese día no he vuelto a beber.

Ha sido una ardua tarea el hacer los cambios necesarios en mi vida, pero ha valido la pena. Los resultados han sido todos positivos. Mi grupo base el "Que paso", me sigue dando las herramientas para continuar haciendo esos cambios. Hoy vivo bien, vivo una vida feliz y útil, tal y como lo promete este programa de vida. La práctica de nuestros 36 principios en mi diario vivir, producen resultados positivos.

Melvin M. | Arleta, California

MAYO / JUNIO 2017

Jugando y bebiendo

DESDE VENEZUELA NOS COMPARTE SU HISTORIAL

Saludos para todos. Soy un alcohólico que, con la ayuda de la Comunidad de Alcohólicos Anónimos, no he bebido.

Empecé a beber a muy temprana edad, trece o catorce años, no estoy seguro. Me fui de mi hogar porque quería independencia y no me gustaban las cosas que sucedían entre mis padres. Conseguí trabajo en un restaurante, primero como ayudante del mostrador y fregando platos y luego como mesonero. Era un sitio muy popular, céntrico y ganaba muy buen dinero.

Compartía una habitación con un hermano mayor; a él le gustaba beber. Un día, después de jugar al billar, me llevó a un bar y allí con otras amistades me insistieron para que probara lo que ellos bebían el famoso "Cubalibre". Hasta ese momento de mi vida no había probado alcohol. A partir de ese primer "Cubalibre" fueron muchas las diferentes bebidas que entraron en mi cuerpo, algunas con ansia y agrado, otras solo por la necesidad del alcohol.

Regresé a mi hogar y al poco tiempo me reclutaron para prestar el servicio militar obligatorio. Cuando salía de fin de semana, no siempre, pero, en ocasiones, me evadía para ir a beber. Nunca me descubrieron.

Al terminar mi tiempo en el servicio militar, regresé a mi familia buscando trabajo y pasando el tiempo en los salones de billar, jugando y bebiendo.

Me casé a los veintidós años y en los primeros seis meses de casado no bebí, pero un sábado los compañeros de trabajo me invitaron a jugar billar. Salí de mi casa el sábado al mediodía y aparecí el lunes en la mañana para buscar la ropa de trabajo. A partir de ese día se inició el calvario.

Tuvimos siete hijos, construimos un hogar que se ha mantenido unido solo por la gracia y la voluntad de Dios y el compromiso religioso de mi querida esposa. En esos treinta años consumiendo alcohol sucedieron muchas cosas desagradables: accidentes de tránsito, detenido por peleas en bares, ausencias de varios días sin previo aviso, borracho durante las horas laborales, etc.

En 1986, tuve un terrible accidente de tránsito. A eso de

las siete y media de la noche choqué por detrás un camión cargado con rolas de madera, las cuales golpearon el parabrisas y mi frente. La cavidad del ojo derecho quedó llena de vidrios.

Estuve hospitalizado, y durante quince días no recobré el conocimiento. Estoy vivo para contarlo y no quedé tuerto.

El mensaje me llegó por medio de unos miembros residentes en la misma ciudad donde he vivido los últimos cuarenta y cuatro años. Yo no los conocía, pero ellos sabían la forma desordenada y sin control de beber licor que yo tenía. Esos compañeros me llevaron el mensaje en el año 1990, a mi sitio de trabajo, y Dios me llevó a un grupo de AA en julio del año 1992. En ese lugar pude parar de beber y desde esa fecha me he mantenido sin tomar esa primera copa.

En mis inicios en la Comunidad tuve muchas interrogantes. Se lee en el Preámbulo que AA no pertenece a ninguna religión, pero la Oración de la Serenidad se inicia con la frase: "Dios, concédeme la Serenidad" y como yo creía que Dios era propiedad solo de la religión católica, dudaba. Los mismos miembros que me llevaron el mensaje, empezaron a invitarme a eventos y esto fue muy importante para mí pues pude darme cuenta de que no eran unos fanáticos. Me inicié en un grupo de pocos miembros, y ahí he permanecido.

Mi primer servicio en el grupo fue de tesorero y eso me gustó, pues para mí, ese servicio significaba poder, y siempre he disfrutado tener esa sensación. El problema se presentó cuando, unos meses después, se realizó otra reunión de mesa de servicios y un compañero de reciente ingreso se postuló y fue aprobado. Al entregar el servicio sentí como que me habían despojado de algo muy mío.

Mi vida en la Comunidad de AA la he pasado cumpliendo mi plan de veinticuatro horas, especialmente en los primeros años, prestando servicio en mi grupo base, en el comité de área y asistiendo a los eventos que Dios me ha permitido y regalado, los cuales estoy seguro han sido mi soporte de permanencia y pertenencia, ya que han sido y serán una gran inversión.

Tengo setenta y seis años de edad y llevo veinticuatro años de feliz abstención y búsqueda de la sobriedad emocional y espiritual. He cambiado en mi forma de ser y de pensar. Mi asistencia al grupo y a los eventos ha disminuido, pero vivo eternamente agradecido de mi Poder Superior y del programa. Cumplo con los planes de autosostenimiento de la estructura de Venezuela y siempre mantengo literatura en mi hogar y en el trabajo para llevar el mensaje a personas con quienes tengo contacto.

Para finalizar, quiero comentarles que Dios me ha dado muchos y grandes regalos: mis padres y dieciocho hermanos, mi esposa por cincuenta y cuatro años, siete hijos, todos profesionales universitarios, y doce nietos, de ellos ya varios adultos profesionales, mi trabajo y los grandes beneficios materiales que he recibido y disfrutado, no soy millonario pero con lo que Dios me provee soy feliz.

Con lo que he mencionado y lo que se me ha olvidado escribir, considero que uno de los grandes regalos del Poder Superior fue haberme sacado, solo por hoy, del sufrimiento de vivir bajo la ley y voluntad del alcohol.

Gracias a todos, hoy no he bebido.

Guillermo R. | Acarigua, Venezuela

JULIO / AGOSTO 2017

Aterrizaje seguro

GOZA DE LIBERTAD PORQUE PRACTICA LAS SUGERENCIAS

Cuando comencé en el programa de AA, en mi grupo base habían varios compañeros que citaban con cierta frecuencia lo siguiente: "Practicar el programa de AA es tan sugerido, como sugerido es halar el cordoncito del paracaídas, cuando saltas del avión". En aquel entonces, para mí, era una frase que tenía sentido, pero solo desde un punto de vista teórico, ya que no había comenzado la práctica de los Doce Pasos de recuperación.

Por otro lado, escuchaba a otros compañeros y compañeras recalcar que en el programa todo es sugerido y voluntario. Que lo más importante era no darse ese primer trago y asistir a las reuniones. En algunas ocasiones escuché a personas decir que lo único que había que hacer en Alcohólicos Anónimos, era no beber y asistir a reuniones y "que no había que hacer más nada".

Luego de varios meses en el programa y con un poco más de claridad mental y entendimiento, pude empezar a darme cuenta de que, si bien era cierto que lo más importante para un alcohólico es no beber y asistir a las reuniones, la sugerencia de que "no hay que hacer nada más", empezaba a no tener mucho sentido.

Cuando comencé a interesarme por el programa de recuperación de los Doce Pasos, inmediatamente un veterano con más de cuarenta años de sobriedad continua, comenzó a hablarme de la importancia de asistir a reuniones cerradas y de leer la literatura del programa. De aplicar aquella sugerencia de "llévate lo que te gusta y lo que no te gusta o no entiendas, no lo botes; guárdalo, que luego te puede servir".

Sin embargo, este mismo veterano me "sugirió", en su manera muy particular, que no me dejara llevar por aquellos que creían que AA es un programa donde solamente dejas de beber. Me "sugirió" que fuera muy cuidadoso y que tomara con pinzas lo que escuchaba de aquellas personas que siempre hablan de sus borracheras y que muy raras veces o nunca hablan de los Pasos y las Tradiciones.

Por el respeto y la admiración que sentía, y todavía siento, por este veterano, le cogí la palabra y comencé a asistir a las reuniones de discusión de Pasos y Tradiciones y a poner más empeño en leer y tratar de entender y, más importante aún, poner en práctica las sugerencias del libro Doce y Doce.

Debo confesar que siempre tendré una inmensa deuda de gratitud con aquel compañero que me "guió" en aquellos primeros años en AA. Me hizo entender la importancia de hacer algo en AA. Aquella frase "que aquí no hay que hacer nada", posiblemente sugería de una forma solapada lo que el axioma "Poco a poco" pretende sugerir: toma las cosas con calma (particularmente al principio), escucha con mente receptiva, dale tiempo al Poder Superior, al grupo y al programa. Sigue asistiendo a las reuniones y no te des el primero, hoy.

Sin embargo, la repetición de esa frase, "aquí no hay que hacer nada", puede crear en el recién llegado la impresión de eso mismo: que aquí de verdad no hay que hacer nada, nunca.

Nada más lejos de la verdad. Yo tuve que asistir a reuniones, yo tuve que escuchar con mente receptiva, yo tuve que "romper los viejos moldes"; yo tuve que seguir las sugerencias, yo tuve que empezar a leer y a entender la literatura de AA. Yo tuve que dar servicio en mi grupo. Yo tuve que visitar otros grupos. Yo tuve que comenzar a cultivar una relación más efectiva y sincera con mi Poder Superior.

Tuve que hacer muchas cosas. Pero lo más importante fue que nadie me obligó. Hice todas estas cosas porque yo no quería beber, porque yo quería vivir y tener las experiencias y la forma de vida que otros compañeros y compañeras habían conseguido con su esfuerzo, buena voluntad y humildad.

Estos compañeros y compañeras, no me decían con palabras lo que yo tenía que hacer. Fueron sus acciones las que me guiaron y me invitaron a tratar de hacer un esfuerzo genuino y constante de practicar el programa. Su amor y comprensión me enseñaron que el programa de AA es de total libertad y yo puedo escoger cómo practicarlo.

Pero también me enseñaron con sus acciones, los beneficios que un alcohólico en recuperación puede obtener, si trata de practicar, dentro de sus capacidades y limitaciones, los principios contenidos en nuestros Tres Legados: Recuperación, Unidad y Servicio. Ellos me hicieron entender que practicar los Doce Pasos de recuperación es tan sugerido, como también es sugerido halar el hilito del paracaídas luego de saltar del avión.

En otras palabras, si yo salto de un avión y pienso que lo de halar el cordón es una sugerencia y no lo hago, me van a recoger del piso con una pala. Lo mismo me pudiera pasar a mí si no hago un intento de practicar las sugerencias del programa.

Así que, luego de llevar más de un año en AA, comencé a analizar con mucha cautela cuando un compañero o compañera compartía en las reuniones. Seguí aplicando la sugerencia de usar lo que me ayudara y guardar lo que no entendía o no me agradaba. Pero, sobre todo, comencé a tratar de practicar los Doce Pasos, como decía un compañero en mi grupo: Con intensidad y con frecuencia.

El programa de AA sigue siendo para mí, sugerido y voluntario, de total libertad. La gran diferencia hoy en día es que yo puedo determinar cuáles sugerencias seguir.

Yo tengo la libertad de hacer y practicar los principios lo mejor que pueda. Pero esta libertad debe estar siempre acompañada de sensatez y buen juicio y, sobre todo, de honestidad intelectual y humildad, porque hoy puedo darme cuenta cuando una sugerencia es beneficiosa o no.

Puedo entender que, si con solo dejar de beber y asistiendo a reuniones mi vida cambió, también debo recordar que la sobriedad emocional y mental y la paz que yo siempre he querido, comenzaron a llegar cuando comencé a seguir las buenas sugerencias de aquellos compañeros y compañeras que me decían: "El programa de recuperación de Alcohólicos Anónimos es sugerido, tan sugerido como que debo halar el hilito del paracaídas, cuando salte del avión".

Antonio R.

Bendita mentira

GRACIAS A UNA COMPAÑERA CON BUENAS INTENCIONES, SU VIDA AHORA ESTÁ RICA EN SERVICIO Y TRANQUILIDAD

Fue algo misterioso la primera vez que fui a un grupo de AA un domingo en el año 2011. Recuerdo haber encontrado todo y todos muy extraños, y un hecho me incomodó un poco más que los demás: solo había hombres. Yo, que ya estaba incómoda por haber sido, de cierta forma, presionada para asistir a esa reunión, ya empezaba a tener la certeza de que no estaba en el lugar correcto.

Yo deseaba dejar de beber, pero no sabía cómo ni dónde se me ayudaría. Llegué un día después de haber decepcionado a mis seres queridos, en mi caso personal, a mis hijos.

Después de estar en un restaurante llorando mis desgracias con varias copas ya de entrada, llegué a mi querido grupo "Esperanza". Me llamó la atención ver la puerta abierta y estaba sola. Había muchas sillas y una compañera barriendo y limpiando el espacio.

Debido a mi ignorancia en ese entonces le pregunté: "¿Se reúnen mujeres aquí?" Y me dijo: "Sí, pasa adelante, bienvenida, hay muchas mujeres aquí".

Se terminó la reunión después de darme la bienvenida y solo vi hombres y a ella en la reunión. Le pregunté: "Pero ¿dónde están las mujeres?", y me dijo: "Hoy no vinieron, vienen mañana. Están haciendo un servicio, fueron a visitar otro grupo". "¡Ah!", le contesté, "Entonces vengo mañana".

El siguiente día lo mismo, y el tercero también; entonces me di cuenta de que me había mentido solo para que yo me quedara, y que ella era la única compañera en el grupo.

Yo estaba tranquila, estaba dejando de beber y veía que el milagro se estaba realizando en mí. Bendita mentira, estoy a punto de cumplir treinta y un años en AA, donde he visto cómo ha cambiado mi vida y también la de mis hijos y demás seres queridos a mi alrededor.

Gracias también al servicio dentro de AA. Voy dando lo que un día se me dio a mí y sirviendo en donde se me necesita, pero más donde yo necesito. Estoy apoyando a los nuevos que están llegando y me siento muy agradecida de ser ya una veterana dentro de AA.

Scarlet H. | Richmond, California

LOS DOCE PASOS

1. Admitimos que éramos impotentes ante el alcohol, que nuestras vidas se habían vuelto ingobernables.
2. Llegamos a creer que un Poder Superior a nosotros mismos podría devolvernos el sano juicio.
3. Decidimos poner nuestras voluntades y nuestras vidas al cuidado de Dios, como nosotros lo concebimos.
4. Sin miedo hicimos un minucioso inventario moral de nosotros mismos.
5. Admitimos ante Dios, ante nosotros mismos, y ante otro ser humano, la naturaleza exacta de nuestros defectos.
6. Estuvimos enteramente dispuestos a dejar que Dios nos liberase de nuestros defectos.
7. Humildemente le pedimos que nos liberase de nuestros defectos.
8. Hicimos una lista de todas aquellas personas a quienes habíamos ofendido y estuvimos dispuestos a reparar el daño que les causamos.
9. Reparamos directamente a cuantos nos fue posible el daño causado, excepto cuando el hacerlo implicaba perjuicio para ellos o para otros.
10. Continuamos haciendo nuestro inventario personal y cuando nos equivocábamos lo admitíamos inmediatamente.
11. Buscamos a través de la oración y la meditación mejorar nuestro contacto consciente con Dios como nosotros lo concebimos, pidiéndole solamente que nos dejase conocer Su voluntad para con nosotros y nos diese la fortaleza para cumplirla.
12. Habiendo obtenido un despertar espiritual como resultado de estos pasos, tratamos de llevar el mensaje a los alcohólicos y de practicar estos principios en todos nuestros asuntos.

LAS DOCE TRADICIONES

1. Nuestro bienestar común debe tener la preferencia; la recuperación personal depende de la unidad de AA.
2. Para el propósito de nuestro grupo solo existe una autoridad fundamental: un Dios amoroso tal como se exprese en la conciencia de nuestro grupo. Nuestros líderes no son más que servidores de confianza. No gobiernan.
3. El único requisito para ser miembro de AA es el deseo de dejar la bebida.
4. Cada grupo debe ser autónomo, excepto en asuntos que afecten a otros grupos de AA o a AA considerado como un todo.
5. Cada grupo tiene un solo objetivo primordial: llevar el mensaje al alcohólico que aún está sufriendo.
6. Un grupo de AA nunca debe respaldar, financiar o prestar el nombre de AA a ninguna entidad allegada o empresa ajena, para evitar que los problemas de dinero, propiedad y prestigio nos desvíen de nuestro objetivo primordial.
7. Todo grupo de AA debe mantenerse completamente a sí mismo, negándose a recibir contribuciones de afuera.
8. AA nunca tendrá carácter profesional, pero nuestros centros de servicio pueden emplear trabajadores especiales.
9. AA como tal nunca debe ser organizada; pero podemos crear juntas o comités de servicio que sean directamente responsables ante aquellos a quienes sirven.
10. AA no tiene opinión acerca de asuntos ajenos a sus actividades; por consiguiente, su nombre nunca debe mezclarse en polémicas públicas.
11. Nuestra política de relaciones públicas se basa más bien en la atracción que en la promoción; necesitamos mantener siempre nuestro anonimato personal ante la prensa, la radio y el cine.
12. El anonimato es la base espiritual de todas nuestras Tradiciones, recordándonos siempre anteponer los principios a las personalidades.

AA GRAPEVINE

AA Grapevine es la revista internacional mensual de AA, que se publica ininterrumpidamente desde su primera edición en junio de 1944.
El folleto de AA en el AA Grapevine describe su alcance y propósito de este modo: "Como una parte integral de Alcohólicos Anónimos, desde 1944 el Grapevine publica artículos que reflejan la amplia diversidad de experiencia e ideas que hay dentro de la comunidad de AA, y así también lo hace La Viña, la revista bimensual en español, publicada por primera vez en 1996. En sus páginas, no hay punto de vista o filosofía dominante, y al seleccionar el contenido, la redacción se basa en los principios de las Doce Tradiciones".

Además de las revistas, AA Grapevine, Inc. también produce libros, eBooks, audiolibros y otros artículos. Asimismo, ofrece una suscripción completa al Grapevine que incluye la revista impresa, así como el acceso completo en línea, a historias semanales nuevas, el AudioGrapevine (la versión en audio de la revista), al vasto Archivo de historias del Grapevine y las ediciones en línea actuales del Grapevine y La Viña. También se encuentran disponibles por separado las versiones en formato ePub de las revistas. Para obtener más información sobre AA Grapevine o para suscribirse a cualquiera de estas opciones, visite el sitio web de la revista ingresando a aagrapevine.org o por escrito a:

AA Grapevine, Inc.
475 Riverside Drive
New York, NY 10115

ALCOHÓLICOS ANÓNIMOS

El programa de recuperación de AA se basa íntegramente en su texto básico, Alcohólicos Anónimos (comúnmente conocido como el Libro Grande), ya en su Cuarta Edición, así como en Los Doce Pasos y Las Doce Tradiciones, Viviendo sobrio y otros libros. Además, puede obtener información sobre AA en el sitio web de AA, en www.aa.org o por escrito a:

Alcoholics Anonymous
Box 459
Grand Central Station
New York, NY 10163

Para obtener recursos locales, consulte su directorio telefónico local, en "Alcohólicos Anónimos". En AA también se encuentran disponibles cuatro folletos: "Esto es AA", "¿Es AA para usted?", "44 preguntas" y "Un principiante pregunta".